창조적
인간으로
살아가기

작품 보는
안목과
창작의 즐거움

창조적
인간으로
살아가기

최광진 지음

ⓗ 현암사

창조적
인간으로
살아가기

초판 1쇄 발행 2023년 6월 16일
초판 2쇄 발행 2023년 7월 25일

지은이	최광진
펴낸이	조미현

책임편집	박승기
디자인	한미나

펴낸곳	(주)현암사
등록	1951년 12월 24일·제10-126호
주소	04029 서울시 마포구 동교로12안길 35
전화	02-365-5051
팩스	02-313-2729
전자우편	editor@hyeonamsa.com
홈페이지	www.hyeonamsa.com

ISBN 978-89-323-2314-5 03100

여는 글

나는 예술이 여행보다는 위험을 무릅쓰고 고독하게 험난한 산을 오르는 등반에 가깝다고 생각한다. 예술가가 창작에서 느끼는 쾌감은 규정된 사회적 관습과 익숙한 양식을 버리고 미지의 세계를 탐구하면서 생기는 고통을 동반하기 때문이다. 처세와 요령으로 일시적인 성공을 거둘 수는 있겠지만, 시간이 지나면 결국 거품이 걷히고 오직 독창적인 자기 세계를 구축한 작가들만 살아남게 되어 있다. 그런 측면에서 예술은 창조적인 나를 찾아가는 고독한 등반과 같은 것이고, 나는 이것이 예술의 존재 이유라고 믿고 있다.

이 책은 진지하게 자기 세계를 탐구하는 작가들을 위

한 창작론을 다루고 있다. 예술 이론서로서 미학이나 예술사에 관련한 책들은 많지만, 그런 이론서들이 창작에 실질적인 도움이 되는 건 아니다. 이론을 위한 이론과 창작을 위한 이론은 엄연히 다르기 때문이다. 내가 생각하는 창작론은 공허한 이론이나 맹목적 기교에 빠지지 않고 이론과 실기를 이어주며 진정한 창작의 길로 인도하는 것이다.

그러나 유감스럽게도 우리의 교육 현실은 창작을 위한 체계적인 교육이 되지 못하고 있다. 그래서 문화센터 같은 곳에서 이루어지는 취미생들을 위한 교육과 별 차이가 없다. 취미생들에게는 기법과 기교를 가르치고 칭찬과 격려를 통해 예술에 흥미를 갖게 하는 것으로 족할 수 있지만, 프로 작가를 위한 교육은 독창적인 자기 세계를 찾아주는 데 초점을 맞춰야 한다.

대개 기법과 기교 중심으로 배우다가 갑자기 독자적인 길을 찾아가려 하면 그때부터 예술이 어려워진다. 그것이 대학에서 예술을 전공해도 작가로서 끝까지 살아남지 못하는 이유다. 작가들이 작업을 포기할 때 그 이유를 흔히 경제문제나 환경문제에서 찾지만, 그것은 표면적인 이유고 실제로는 작업이 막혀서 그만두는 경우가 많다. 진정으로 창작의 희열을 맛본 작가가 작업을 포기하는 것은 마약중독자가 마약을 끊기보다 어렵다. 창작은 인간에게 가장 근원적인 쾌감을 안겨주기 때문이다.

불편한 진실이지만, 한국에 미술대학이 생긴 지 70년이 넘었어도 우리의 교육 시스템으로 좋은 작가를 길러낸 사례를 찾아보기 힘들다. 한국이 낳은 세계적인 작가인 백남준은 잘 알려지다시피 일본과 독일에서 공부했다. 또 이중섭, 김환기, 유영국, 장욱진, 이응로, 박생광, 천경자, 이우환 등의 작가들도 일본에서 공부했다. 국민 작가 박수근은 아예 독학 출신이다. 최근 국내 대학 출신의 몇몇 작가들이 국제적으로 좋은 평가를 받고 있지만, 그들은 대개 대학에서 아웃사이더들이다.

만약 미술의 기초가 전혀 없었던 백남준이 한국에서 미술대학을 다녔으면 적응하지 못해 낙제했을지도 모른다. 이것은 우리의 교육 시스템에 대한 논의가 필요하다는 것을 의미한다. 보편성을 추구하는 과학과 달리 예술은 철저하게 자기만의 독창성으로 승부를 걸어야 한다. 기법과 기교 중심의 교육은 오히려 작가의 개성을 말살시키고 영향과 표절에서 벗어날 수 없게 한다는 점에서 문제가 있다.

나는 이러한 문제의식으로 2005년경부터 〈이미지연구소〉를 만들어 작가들을 위한 이론과 창작 수업을 열어왔다. 그리고 코로나가 창궐한 2020년부터는 유튜브 〈최광진의 미학 방송〉을 통해 그러한 작업을 이어오고 있다. 이 책의 내용은 그동안 작가들과 창작의 고민을 함께하며 정리한 창작론의 핵심을 한데 모은 것이다.

1장에서는 먼저 예술을 이해하기 위한 전반적인 내용을 다루었다. 예술에 대한 정의는 시대마다 개인마다 다르겠지만, 자신의 관점이 무엇보다도 중요하다. 따라서 어떤 레퍼런스에 의존하기보다는 그동안 평론가와 큐레이터로서 현장에서 활동하고 또 학생들을 지도하면서 실질적으로 사유하며 정리한 예술에 관한 나의 생각과 관점을 제시했다.

2장은 작품 평가에 관한 비평적 관점을 다루었다. 맛있는 음식을 먹어봐야 맛있는 요리를 할 수 있듯이, 좋은 작품을 하려면 먼저 보는 눈이 열려야 한다. 좋은 작품에 대한 공감이 이루어지지 않은 상태에서 창작의 방향을 논하는 건 불가능하기 때문이다. 작품을 보는 안목은 평론가뿐만 아니라 작가와 컬렉터, 기획자, 감상자에 이르기까지 모든 미술 관계자에게 필수적으로 요구되는 능력이다.

3장에서는 예술가로서 갖추어야 할 조건들을 다루었다. 작가들은 대개 어린 시절 발견한 소질에서 전공을 선택하지만, 점차 잘 그리는 것이 능사가 아니라는 것을 깨닫게 된다. 그렇다면 좋은 작가가 되려면 어떤 조건들이 충족되어야 할까. 여기서는 주로 기교 외에 작가로서 갖추어야 할 의식과 태도를 다루었다.

4장은 작가들이 직접 작품을 제작할 때 필요한 내용을 다루었다. 작품의 주제와 개념을 잡는 방법을 대가들의 사례를 통해 설명했고, 독창적인 자기 양식을 끌어내기 위해서 어떤 과정을 거쳐야 하는지를 다루었다. 그리고 미학과 미술사를 활용하는 방법이나 레퍼런스 활용하기 등 작가들이 창작을 위해 필요한 실질적인 내용을 제공했다.

5장에서는 창작의 과정에서 겪는 문제들이나 작가로서 현장에서 활동하면서 직접 부딪히는 문제들을 다루었다. 이 내용은 주로 질의응답 시간에 작가들에게 받은 질문들을 토대로 작성하였다.

부록에는 작가 노트와 작품 논문 쓰는 법을 제공했다. 작가노트는 자기 작품의 개념을 잡기 위해서뿐만 아니라 남에게 자신의 작업을 소개하기 위해서 반드시 필요한 작업이다. 이를 위해 평소에 어떤 노력이 필요하고, 포트폴리오를 위해서 어떤 항목들이 담겨야 하는지를 다루었다. 또 석박사 과정에서 쓰게 되는 작품 논문은 이론 논문과 달리 창작에 도움이 되어야 한다. 그래서 창작을 위한 논문을 쓸 때 특별히 유념할 내용을 다루었다.

사실 나는 작가들이나 예술가를 지망하는 학생들이 공부할 시간이 없어서 단 한 권의 책만 보고자 한다면 그에 부합하는 창작의 바이블 같은 책을 쓰고 싶었다. 그 의도가 얼마나 성취되었는지는 모르겠지만, 이러한 내용을 다룬 책은 그동안 외국에도 없었다고 자부한다. 나는 이러한 창작론이 예술교육의 몸통을 이루고 미학과 미술사는 양날개 역할을 해야 한다고 생각한다. 몸통 없는 날개로는 날 수가 없는 것처럼 이 책이 한국 미술교육의 치명적인 약점을 보완해줄 수 있기를 기대한다. 이 책에서는 주로 미술에 관한 내용을 다루었지만, 창작의 메커니즘은 모든 분야가 다르지 않다고 생각한다. 이 책이 진실하고 고독하게 자기 세계를 찾아가고자 하는 작가들에게 등불이 되고, 한국 미술계의 수준이 한 단계 도약하는 계기가 되기를 바란다.

2023. 6.

한아 최광진

"예술은
창조적인 나를 찾아가는
고독한 등반이다.

나는 그것이
예술의 존재 이유라고
믿는다."

차례

1장

예술이란 무엇인가

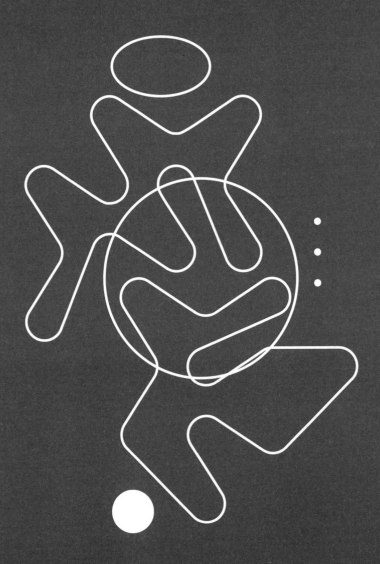

독창성 ——
게임

자동차를 운전하는 사람에게 속도보다 중요한 건 방향이다. 만약 가고자 하는 목적지와 반대로 간다면 빨리 달리는 게 의미가 없기 때문이다. 모든 게 그렇지만 예술의 가치와 의미 역시 목적과 관련하여 발생한다. 예술의 목적을 모르고 예술을 하는 건 목적지를 모르고 운전하는 것과 다르지 않다. 그러나 예술을 전공하고 오랫동안 작업을 하다 보면 예술을 당연시하고 양식적 기교 습득에만 전념하는 경우가 있는데, 대개 그럴 때 작가로서의 길을 잃게 된다.

운전 연습을 할 때는 목적지가 중요하지 않지만, 실전에서는 목적지가 중요하다. 목적지를 위한 길이라면 아무리 험해도 가야 하고, 반대 방향이면 아무리 길이 좋아도 가서는 안 된다. 예술도 처음에는 목적이 중요하지 않을 수 있지만, 작가가 되면 자신의 뚜렷한 예술관이 무엇보다 중요하다. 예술작품의 양식을 결정하는 것은 결국 자신의 예술관이기 때문이다.

예술에서 양식은 운전처럼 자신의 목적을 구현하기 위한 수단이다. 양식에 치중하다가 목적을 잃어버리면 길을 잃었을 때와 마찬가지로 불안감이나 공허감을 느끼게 된다. 이를 무시하고 가던 길을 계속 가는 건 위험한 일이다. 운전자는 당장 눈앞의 장애물을 피해 가는 동시에 목적지를 의식해야 한다. 눈앞의 장애물만 신경 쓰면 길을 잃을 수 있고, 목적지만 의식하다 보면 눈앞의 장애물과 충돌하기 십상이기 때문이다. 창작에서도 목적과 양식을 동시에 생각할 수 있어야 한다.

삶의 의미는
목적과 장애의 관계에서 비롯된다.

예술작품은 사실 제품처럼 우리 생활에 직접적인 유용함을 제공하지는 못한다. 그런데도 과학과 종교와 더불어 인간의 3대 문화로 자리 잡게 된 이유는 무엇일까? 나는 그것이

게임의 속성 때문이라고 생각한다. 고대부터 인간의 중요한 문화 중 하나로 이어져 온 게임은 인간 행위가 목적과 장애와의 관련 속에서 의미가 생긴다는 걸 이해하기 위해 고안된 문화다. 게임은 놀이를 통해서 우리에게 목적과 장애의 관계를 이해시켜 준다.

게임이 재미있는 것은 힘든 장애를 극복하고 목적을 향해 나아가기 때문이다. 우리가 인생을 재미있게 살려면 게임의 세계를 이해해야 한다. 재미란 '자미滋味'에서 온 말인데, 무언가가 불어나고 확장될 때 느껴지는 맛이다. 불어나고 확장된다는 건 원하는 목적에 가까워진다는 것이다. 게임은 그것을 명확하게 인지할 수 있도록 점수로 만들어 놓았다. 인간은 근본적인 목적에 가까워질 때 재미를 느끼게 설계되어 있고 그것을 방해하는 장애가 강할수록 재미는 배가된다. 장애가 없는 게임은 재미도 없다.

가령 축구 게임은 11명의 선수가 힘을 합쳐 상대방의 네모난 골대에 둥근 가죽 공을 발로 차 넣는 게 목적이다. 그리고 동일한 수의 상대편이 서로 장애가 되어 방해하며 자신의 목적을 이루고자 한다. 목적과 장애는 종목마다 임의로 설정한 것이지만, 이것이 있기에 게임이 성립하는 것이다.

게임에서 장애는 불행이 아니라
나를 성장시키는 도구다.

게임에서 장애는 비극이나 불행이 아니라 게임을 흥미롭게 하고 자신의 능력을 성장시키는 대상이다. 상대편의 방해가 없는 골대에 아무리 많은 골을 넣어도 그것은 연습일 뿐이다. 우리가 스타 운동선수에게 열광하는 건 장애가 없기 때문이 아니라 힘든 장애를 극복했기 때문이다. 스포츠 게임에서 선수의 실력은 얼마나 강한 상대와 겨루었느냐가 평가의 기준이 된다. 따라서 수준 높은 상대를 만나는 것은 불행이 아니라 영광스러운 일이다. 또 게임의 세계에서 목적을 모르고 열심히 하는 건 아무 의미 없는 행위다. 자칫 자기 골대에 자책골이라도 넣으면 역적이 된다.

이러한 게임의 세계는 우리가 어떻게 살아야 하는지를 은유한다. 게임에서와 달리 우리는 인생의 목적을 모르고서도 무언가 열심히 한다. 인생을 목적을 모르고서 진학이나 취직을 위해 일단 공부하고, 일단 돈을 벌고, 일단 명예를 얻기 위해 노력한다. 하지만 이런 일들은 궁극적인 목적이 아니기에 그것을 이루는 순간 공허해진다. 그러면 그것을 극복하기 위해 더 큰 목표를 설정하지만, 곧바로 다시 공허해진다.

그런데도 우리가 열심히 사는 건 게임처럼 뚜렷한 목적을 위해서가 아니라 뭔가 남보다 뒤떨어지는 것 같은 불안한 마음 때문일지도 모른다. 심리적 공허와 불안은 우리가 목적에서 벗어났음을 인지하게 하는 일종의 경고음이다. 인간 안에 내장된 본성의 내비게이션은 우리가 목적에서 벗어날 때마다 공허와 불안이라는 경고음을 내보낸다. 그것은 게임에서처럼 행위의 목적을 재설정하라는 내면의 소리다.

삶의 장애가 사라지면
권태가 찾아온다.

우리는 인생에서 게임과 달리 장애를 종종 불행이나 비극으로 생각한다. 그래서 장애 없는 삶과 편안한 노후를 위해 일하고, 죽어서라도 장애가 없는 천국을 가기 위해 종교를 갖기도 한다. 그러나 유토피아는 장애가 없는 곳이 아니라 게임처럼 장애를 즐기는 곳이다. 막상 모든 장애가 사라지면 평안 대신 권태가 찾아오기 때문이다. 그것은 우리 삶의 궁극적인 목적이 편안한 삶이 아니라는 것을 의미한다.

하이데거가 말했듯이, 권태는 죽음에 붙잡힌 공허하고 근원적인 불쾌감이다. 그것은 장애로 받는 고통보다 더욱 견디기 힘든 정신적 고통이며 영혼을 좀먹는 정신의 바이러스다. 우리는 어쩌면 권태를 인생의 목적으로 삼고 있는지도 모른다.

우리가 인생의 모델로 생각하는 위대한 성인들이나 인류의 영웅들은 결코 장애가 없이 산 사람들이 아니다. 오히려 그들은 장애와 치열하게 맞서 싸워 사형을 당하거나 호된 시련을 겪은 사람들이다. 우리가 그들을 존경하는 건 평안과 안위를 누렸기 때문이 아니라 장애에 굴복하지 않았기 때문이다. 우리가 그들을 추종함으로써 장애를 피하고 안락과 평안을 누리려는 것은 노예근성이 빚어낸 잘못된 신앙이다. 우리가 그들을 닮는다는 것은 장애를 피하는 것이 아니라 게임에서처럼 장애를 극복하는 것이다.

예술은 '독창성'을 목적 삼고 '굳어진 관습'을 장애로 하는 게임이다.

그렇다면 예술이란 무엇일까? 내가 생각하는 예술은 '독창성'을 목적으로 삼고 '굳어진 관습'을 장애로 하는 게임이다. 독창적인 작품을 창조하는 것은 동물과 차별되는 인간의 고유하고 신성한 능력이다. AI가 인간이 되고자 하듯이,

인간은 신이 되고자 하는 가장 근원적이고 상향적인 욕망이 있다. 그리고 자식을 낳아봐야 부모의 마음을 이해할 수 있듯이, 인간은 오직 창조성을 발휘할 때 신을 이해할 수 있다. 신성은 곧 창조성이고, 자기만의 독창성은 오직 자신의 창조적 능력에서 비롯되기 때문이다.

그런 면에서 자신의 잠재적인 창조성을 발휘하는 것은 예술가의 전유물이 아니라 모든 인간의 존재 목적이고 가장 근본적인 윤리다. 우리가 꿈꾸는 자아실현이란 곧 독창적이고 창조적인 나를 찾아가는 것이다. 독창성을 추구하는 예술은 인간의 목적에 가장 부합하는 게임이라고 할 수 있다. 그래서 우리는 예술을 통해 인생을 어떻게 살아야 하는지 알게 된다.

이처럼 예술과 인생의 목적을 이해한 사람은 삶의 문제들을 불행으로 여기지 않고 기꺼이 자신의 창조성을 발휘할 기회로 삼을 것이다. 이것이 모든 사람에게 예술이 필요한 이유다.

경직성이 심한 것을 자유롭게 할수록
작품성은 올라간다.

예술의 목적이 독창성에 있다면, 그것을 방해하는 장애는 무엇일까? 그것은 편견으로 굳어진 생각과 경직된 관습이다. 모든 지식이나 관습이 처음 만들어질 때는 현실의 어떤 문제를 해결하려는 필요에서 만들어진다. 그러나 시간이 지나면 현실의 필요가 변하고 그것에 적응하기 위한 새로운 양식이 요구된다. 과거의 필요에 맞추어져 있는 경직된 관습은 오히려 필요한 변화를 방해하는 적폐가 된다. 관습은 사회적인 안정과 조화를 이루는 데 기여할 수 있지만, 경직된 관습은 정치적 권력을 정당화하고 부자유스러운 적폐다. 따라서 예술의 주된 임무는 창조성을 발휘하여 굳어진 관습을 새롭게 생긴 필요에 따라 독창적이고 자유롭게 만드는 것이다.

예술적 창조는 무에서 유를 만들어내는 게 아니라 굳어진 관습을 의식의 빛으로 녹여서 원하는 대로 자유롭게 변형시키는 것이다. 이때 예술가의 능력은 게임에서처럼 경직된 관습을 얼마나 자유롭게 했느냐로 결정된다. 예술은 관습의 경직성이 심한 것을 대상으로 삼을수록 작품성이 올라가는 독창성 게임이다.

한 예로 피카소는 르네상스 이후 500년 이상 지속되어 온 일시점 원근법이라는 굳어진 관습을 해체하고 다시 점으로 화면을 재구성했다. 이러한 그의 새로운 양식은 경직된 고전주의의 양식을 자유롭게 하여 고리타분하고 매너리즘에 빠진 작가들에게 새로운 활로를 열어주었다.

　이처럼 피카소를 대가로 만든 것은 경직된 관습을 녹여낼 수 있는 그의 창조성이지 양식이 아니다. 예술의 게임에서 남의 양식을 그대로 따르는 건 반칙이다. 작품이 아무리 좋아 보여도 표절이 의심되면 범죄시하는 게 예술의 엄격한 규칙이다. 예술의 세계에서 표절이란 독창성의 완전한 결여를 의미하기 때문이다.

·

나를
── 찾아가는 ──── 여행

요즘은 독특한 패션을 하고 돌아다니는 강아지들이 제법 많다. 그것은 개들의 의지가 아니라 주인의 취향이 반영된 결과다. 최근에는 동물들도 개성*을 찾는다는 연구들이 나오고 있지만, 인간만큼 자기 개성을 발휘하려고 노력하는 동물은 없다. 인간은 단지 몸을 보호하기 위해 옷을 입는 게 아니라 자신의 개성을 드러내는 수단으로 활용한다. 남들과 달라 보이기 위해서 치장을 하고, 길거리에서 나와 똑같은 패션을 하고 다니는 사람을 보면 왠지 기분이 나빠지기도 한다.

이것은 인간이 객관적 과학이나 보편적 도덕만으로 만족할 수 없는 존재라는 걸 의미한다. 예술은 자기만의 고유한 개성과 독창성을 추구하고 독려하는 유일한 분야다. 자아실현은 자신의 개성과 잠재능력을 충분히 발휘할 때 가능하고, 거기에서 독창성이 나온다. 그럴 때 우리는 자신의 진정한 가치를 발견하고 누구와도 견줄 수 없는 자존감을 느낄 수 있다. 그런 사람의 행동과 작품에는 고유한 기운과 아우라가 풍겨 나온다.

아우라는 "유일한 대상에서 풍겨 나오는 성스러운 기운"으로 기계로 결코 복제될 수 없는 정신의 산물이다. 독일의 철학자 벤야민은 『기술복제 시대의 예술작품』에서 아우라를 유일한 원본에서 나타나는 "찰나적인 현상"이라고 정의했다. 그는 아우라가 종교의식과 관련된 신성한 것이어서 사진이나 영상 같은 복제된 예술에서는 생겨날 수 없다고 보았다.

인생은 소액주주에서 출발하여
자신의 경영권을 찾아가는 과정이다.

그렇다면 우리는 왜 자신의 독창적인 아우라를 풍기지 못하는 것일까? 나를 하나의 기업이라고 간주하면, 인간은 사실 어려서부터 자신의 경영권을 온전히 행사한 적이 별로 없다. 어린 시절에는 부모가 상당히 많은 결정권을 행사하고 부모의 의지에 따라서 수동적으로 산다. 이처럼 우리의 인생은 소액주주로 시작하여 점차 자신의 지분을 늘려나가며 경영권을 찾아가는 과정이다.

이런 과정에서 10대 초중반에 나타나는 사춘기는 부모로부터 자신의 지분을 찾아오기 위한 일종의 경영권 다툼이라고 할 수 있다. 그러나 사춘기의 반항과 투쟁을 통해서 부모로부터 경영권을 찾아온다 해도 이번에는 사회화 과정에서 경영권을 지켜내기가 쉽지 않다.

사회에 진출하는 순간 우리는 살벌한 경쟁 세계에 뛰어들게 되고 스스로 내린 선택에 대해서 전적인 책임을 져야 한다. 우리가 각종 단체를 만들어 사람들과 다양한 관계를 맺는 것은 스스로 져야 할 책임을 분담하고자 하는 보험의 성격이 강하다. 기업이 개인의 무한 책임을 줄이기 위해서 합자회사나 주식회사 형태로 운영하는 것은 의사 결정권을 분담하면 그만큼 위험부담도 줄어들기 때문이다. 그래서 우리는 사회생활을 하는 과정에서 나라는 주식회사를 공동으로 운영하게 된다.

주식회사에서 안전하게 경영권을 행사하려면 대주주가 주식의 50퍼센트 이상을 보유해야 한다. 그러나 본인의 책임을 줄이기 위해서 주식을 처분하다 보면 경영권을 행사할 수 있는 지배주주의 자리를 내어줄 수 있다. 그러면 경영권을 타자에게 양도하고 제정신이 아닌 남의 정신으로 살게 된다.

어려서는 부모의 욕망을 나의 욕망인 것처럼 혼동하고, 성장해서는 사회가 정한 가치와 규범을 맹목적으로 따라가다 보면 어느덧 고유한 나는 사라지고 슈퍼마켓에 나열된 물건처럼 사회적 이데올로기의 생산품이 되어 있는 나를 발견하게 된다. 그런 사람에게서는 개성과 존엄성을 찾기 어렵고, 아우라를 느낄 수 없다.

사회화는 자신의 경영권을 상실해 가는 과정이다.

제정신이 아닌 상태에서 데카르트가 말한 "나는 생각한다, 그러므로 존재한다"라는 명제는 성립하기 어렵다. 그래서 정신분석자 라캉은 "나는 내가 존재하지 않는 곳에서 생각한다. 그러므로 나는 내가 생각하지 않는 곳에서 존재한다"라는 말로 데카르트를 뒤집는다. 이것은 타자들에게 경영권을 빼앗겨서 순수한 주체로서 행동하는 게 불가능하다는 것을 의미한다. 이처럼 주체가 타자에 의해 점령된 상황에서는 타자의 욕망에 지배당함으로써 '나다움'을 상실한다. 그래서 라캉의 말대로 우리는 나의 욕망이 아니라 타자의 욕망을 욕망하게 된다.

우리는 사회에 적응하면서 자신의 주체를 상실해 간다. 사회생활을 잘한다는 건 자신의 개성과 욕망을 억누르고 남의 욕망에 길드는 것을 의미한다. 공동체라는 명분 아래 자행되는 사회적 가치는 획일적인 이념과 양식을 강요함으로써 개인의 주권을 강탈한다. 이것이 우리가 나라는 주식회사에서 소액주주로 전락하는 이유다.

예술가는 나라는 주식회사의 지분을 늘려 경영권을 확보한 사람이다.

이러한 사회 현실에서 예술가는 나라는 주식회사의 지배주주로서 주체적이고 창의적으로 사는 사람이다. 이것은 예술가뿐만 아니라 모든 인간의 과업이고, 나다울 이유다. 이를 위해서 예술가는 철저하게 이기적이어야 한다. 이기적인 것과 이타적인 것은 출발은 반대 같지만, 궁극에서는 하나다. 예술은 가장 이기적으로 출발하여 가장 이타적인 결과를 만들어야 하는 직업이다.

반대로 정치는 가장 이타적으로 출발하여 가장 이기적인 결과를 만들어야 한다. 권력만을 탐내는 이기적인 사람은 좋은 정치인이 되기 어렵고, 정치적이고 이타적인 사람들은 좋은 작가가 되기 어렵다. 예술가로서 적합한 기질은 무엇보다도 자신에게 진솔해야 하고 기꺼이 고독을 감내할 수 있어야 한다.

가장 아름다운 것은
가장 자기다운 것이다.

모든 식물의 종자에는 자신의 열매를 맺고자 하는 의지가 있고, 그것은 자라면서 저절로 발현된다. 그러나 인간은 인위적으로 만든 개념과 이데올로기에 의해서 본연의 의지에 유전자 변형이 이루어진다. 이것이 개념과 양식을 창조할 수 있는 인간의 딜레마이고 선악과의 원죄이다. 우리는 이미 인위적인 제도와 편견이 지배하는 사회 속에서 살고 있기에 식물처럼 자신의 의지를 순수하게 구현할 수가 없다. 그래서 자기 본연의 열매가 아니라 유전자 변형된 기이한 열매를 맺게 된다.

예술의 목적은 이처럼 사회화 과정에서 알게 모르게

변형된 자기의 본모습을 찾아가는 것이다. 예술에서 추구하는 독창성이란 다름 아닌 자신의 고유한 열매를 맺는 것이다. 자연에서 그것은 당연한 일이지만, 인간은 예술을 통해서 노력해야 가능하다.

우리가 잃어버린 나의 개성을 찾기 위해서는 우선 사회화된 현재의 내가 진정한 내가 아니라는 사실을 인식해야 한다. 그리고 자기 내면의 소리에 귀 기울여 사회적 욕망과 나의 욕망을 구분하려는 의지가 필요하다. 그럴 때 나라는 주식회사의 대주주로서 권한을 되찾아 창의적인 나를 경영할 수 있는 것이다. 이것은 남의 속박에서 벗어나는 것이기에 진정한 '자유'이고, '멋'이다. 그래서 가장 아름다운 건 가장 자기다운 것이고, 이것이 우리가 '나다울 이유'다.

미와
── 예술의 ── 관계

일반적으로 미는 조화롭고 완전하게 균형 잡힌 상태를 말
한다. 우리는 그러한 대상을 보면 본능적으로 쾌감을 느끼
고 그렇지 못한 대상에서는 불쾌감을 느낀다. 그것은 누구
나 선천적으로 미를 인식할 수 있는 미의식이 우리 안에 내
재해 있다는 걸 의미한다. 이러한 미의 개념은 진眞이나 선善
과 함께 고대부터 인간이 추구해야 할 중요한 가치로 여겨
왔다. 플라톤은 미를 감각적인 개체를 초월한 이데아로 생
각했고, 중세에는 거기에 신성한 의미가 덧붙여져 "신의 빛,
혹은 그 빛을 받아서 완전한 형태로 빛나는 것"(토마스 아퀴
나스)으로 정의했다.

　이처럼 초월적인 이데아나 신적인 현상으로 정의되어

온 미는 근대에 오면 인간의 감성 문제로 전환된다. 근대미학의 창시자인 바움가르텐은 수학이나 논리학으로 발견할 수 없는 세계를 인간의 감성을 통해 보완할 수 있다고 생각했다. 그때부터 미학은 미를 인식할 수 있는 미의식의 문제를 다루기 시작했다.

바움가르텐을 계승한 칸트는 우리가 예술작품이나 자연에서 미를 느낄 때 어떤 이해관계나 도덕적 공리로부터도 자유롭게 독립되어 있다는 점에 주목하여 미의식을 '무관심성'으로 정의하였다. 그에 의하면 미적인 만족은 대상의 현실적 존재와 무관한 관조적인 태도에서 이루어진다. 이것은 미를 느끼고 인식하는 향수자의 측면에서 미의식을 규정한 것이다.

미의식의 상태에서는 신들린 듯한 선택이 즉흥적으로 이루어진다.

창작자의 관점에서 미의식은 어떤 문제를 창조적으로 해결할 수 있는 의식 상태다. 그때 우리는 일상적인 관습에서 벗어나 전체를 관조하며 최고의 선택을 하게 된다. 그런 측면에서 미의식은 초월적인 우주 의식과 연결된 내 안의 신성이다. 우리는 그 미의식을 작동함으로써 관습적인 나를 초월한 자유로운 창조성을 발휘할 수 있는 것이다.

평범한 일상의식 상태에서는 습관대로 반복적인 행동을 할 뿐이다. 그러나 우주와 접속이 이루어지면 전체를 관조하며 창조적인 영감이 떠오르게 된다. 새로운 창작은 언제나 이 상태에서 가능하다. 작업을 할 때 이러한 미의식의 상태로 들어가지 못하면 기교에 의존해서 습관대로 작업을 하게 되고, 그러면 작품들이 서로 비슷비슷해지고 고루해진다.

일반적으로 작가들은 배고픈 것은 참아도 지루한 건 견디기 어려워한다. 미의식의 상태에서는 뇌가 극도로 활성화되어 신들린 듯한 선택이 즉흥적으로 이루어지며 희열이 느껴진다. 이러한 창작의 희열을 맛본 작가는 어떤 일이 있어도 예술을 쉽게 포기하지 못한다. 그 어떤 종류의 행복도 미의식의 상태에서 오는 쾌감을 넘어설 수 없기 때문이다.

그러나 사회생활을 하다 보면 각종 억압과 부조리한 문제들에 직면하면서 스트레스를 받고 '추의식'의 상태로 떨어진다. 미의식과 반대로 추의식에서는 우울하고 불쾌한 감정이 올라오고 부정적인 생각으로 물들어 생의 의욕이 사라진다. 이것은 어떤 불쾌한 사건이나 트라우마가 악성코드 형식으로 몸에 저장되어 나타나는 뇌의 오작동이다.

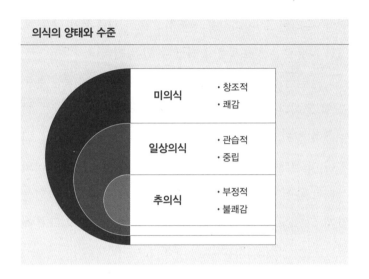

의식의 양태와 수준

미의식	• 창조적 • 쾌감
일상의식	• 관습적 • 중립
추의식	• 부정적 • 불쾌감

이러한 추의식의 상태가 지속되면 우울증을 의심해야 한다.
우울증에 걸리면 불쾌한 감정이 지속되면서 창조력 대신에
부정적이고 파괴적인 생각으로 물들게 된다.

**예술은 추한 현실에 대한 '저항'과
미적 이상에 대한 '지향' 사이에 자리한다.**

이처럼 우리의 의식은 일상의식과 미의식과 추의식 사이를
넘나들고 있다. 우리가 불쾌한 추의식으로 떨어지는 이유는
우리의 삶과 사회가 조화롭지 못하고 부조리하기 때문이

다. 예술은 이렇게 부조리한 사회로부터 악성코드로 감염된 추의식을 창조적인 미의식으로 전환할 수 있는 최적의 프로그램이다.

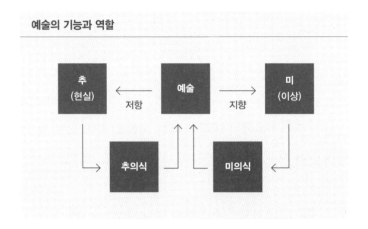

예술은 이상적인 미를 지향하지만, 미와 예술은 일치할 수 없다. 미는 어떤 굳어진 양식이 아니라 이상적인 이데아로 존재하기 때문이다. 따라서 예술은 추한 현실에 대한 '저항의식'과 미적 이상에 대한 '지향의식'이 사이에 자리한다. 미의식이 있는 사람은 추한 현실에 타협하지 않고 그것에 저항하여 조화로운 미적 이상을 지향한다.

저항 없는 지향은 공허하고
지향 없는 저항은 파괴적이다.

칸트가 정의한 대로 미는 무관심적인 것이지만, 그것은 이
상적인 관념이고 현실에서 우리는 완전히 무관심할 수는
없다. 예술은 언제나 작가의 관심사에서 출발하기 때문이
다. 따라서 예술의 운명은 언제나 관심에서 출발하여 무관
심으로 나아가는 과정을 드러낸다. 이처럼 현실과 이상의
팽팽한 줄다리기에서 현실에 대한 저항의 힘이 강하면 '리
얼리즘'이 되고, 미적인 이상에 대한 지향이 강하면 '유미주
의'가 된다.

　　예술가의 취향이나 상태에 따라 추한 현실에 대한 저
항의식이 강하게 드러날 수도 있고, 낙천적인 지향의식이
강하게 드러날 수 있다. 그러나 현실에 대한 저항 없는 지향
은 공허하고, 이상적인 지향이 없는 저항은 파괴적이다. 예
술은 언제나 현실의 부조화와 이상적인 미 사이를 가교하
는 역할에 충실해야 한다.

　　일반적으로 예술에서 아방가르드가 등장할 때는 전통
에 대해 저항적이고 파괴적이다. 그러다가 시간이 지나서
그것이 미적 아카데미즘으로 정립되면 그때부터는 지향적
이고 낙천적으로 변한다. 때에 따라 아방가르드가 필요할

때가 있고 아카데미즘이 필요할 때가 있지만, 분명한 건 예술은 어느 한쪽으로 경도되어서는 안 된다는 것이다. 살아있는 예술은 현실과 이상의 긴장된 줄다리기 게임에서 탄생하기 때문이다.

미와 예술이 일치되는 순간 이상과 현실의 줄다리기 게임 역시 끝나게 된다. 이것이 미와 예술이 일치되어서는 안 되는 이유다. 예술은 미를 추구하지만 미와 일치되는 순간 죽은 예술이 된다. 역설적이게도 예술이 영원한 것은 미와 일치될 수 없기 때문이다. 예술은 부조리하고 경직된 현실을 장작 삼아 창작의 불꽃을 피우는 것이다. 장작이 없으면 불꽃을 피울 수가 없기에 예술도 존재할 수 없는 것이다.

종교,
─── 과학, ─── 예술의 차이

모든 예술작품은 그것을 제작한 작가가 있다. 솔거처럼 작품이 없고 전설적인 이야기만 전해 온다면 작가의 실존 여부를 의심하겠지만, 작품이 있다면 반드시 그것을 만든 작가가 있는 것이다. 그러면 우리가 눈으로 확인할 수 있는 우주 만물을 만든 작가는 누구일까? 사람들은 그 존재를 의인화하여 신이라고 불러왔다. 비록 신에 대한 개념은 사람마다 다르겠지만, 우주 만물과 현상 세계의 원인 자체를 부정할 수는 없을 것이다.

인간의 3대 문화 중 가장 오랜 전통을 가지고 있는 종교는 만물을 창조한 신의 전지전능한 능력에 초점을 맞춘 문화다. 원시사회에서부터 사람들은 인간을 포함한 만물을 초월하여 존재하는 비물질적이며 인격적인 실체로서 영혼과 신의 존재를 믿어왔다. 이처럼 만물에 내재한 영혼과 정령에 대한 관념이 점차 진화해서 범신론과 다신교, 일신교로 전개되어 왔다.

종교는 '작가론'을 다루고, 과학은 '작품론'을 다룬다.

종교는 우주 만물의 원인으로서 전지전능한 창조 능력을 갖춘 신을 탐구하고 신앙한다는 점에서 '작가론'적인 접근이라고 할 수 있다. 이에 비해 후발주자인 과학은 창조된 결과물인 자연을 탐구의 대상으로 삼는다. 자연에 내재한 성질과 법칙을 탐구하고 거기에서 어떤 이론적인 지식을 축적하고자 한다는 점에서 과학은 '작품론'적인 접근이라고 할 수 있다.

자연과학이나 사회과학은 모두 인간의 실천적인 활동의 기초로서 삶의 과제를 이론적으로 해결하려는 노력에서 비롯되었다. 이를 위해 관찰과 실험을 통해 얻은 지식을 분석하고 종합하여 개념과 가설을 만들고 이를 현실에서 활용하고자 했다. 이러한 노력 덕분에 인간은 동물과 달리 고도의 문명을 발전시킬 수 있었다.

　이처럼 종교와 과학의 서로 다른 접근 방법은 오늘날 창조론과 진화론의 갈등을 낳았다. 지금까지 계속되고 있는 이 치열한 논쟁에서 진실은 무엇일까? 이러한 갈등은 진위의 문제가 아니라 관점의 문제로 접근해야 화해가 가능하다. 지구를 태양 쪽에서 보면 낮이 되고 반대쪽에서 보면 밤이 된다. 이처럼 세계를 작가론의 관점에서 보면 창조론이 되고, 그 결과물을 탐구하는 작품론의 관점에서 보면 진화론이 되는 것이다. 관점의 차이가 대립이 아니라 종합될 때 전체를 이해할 수 있다.

현대 이전의 예술은
종교와 과학에 종속되어 있었다.

그렇다면 종교나 과학과 다른 예술의 고유한 특성은 무엇일까? 예술의 역사는 구석기 시대 동굴벽화에서부터 시작되었지만, 예술의 자율성을 본격적으로 탐구하기 시작한 건 현대에 들어서부터다. 고대와 중세까지만 해도 예술의 주된 임무는 주술적 기능이나 종교적 신앙심을 위한 보조적인 역할에 그쳤다. 중세 시대 서양의 기독교 미술이나 동양의 불교미술은 종교를 위한 것이었고, 주문자인 교회나 사찰의 요구를 어느 정도 만족시켜야 했다. 그 시기 작품들에 작가의 이름을 표기하지 않은 것은 예술의 자율성을 보장받지 못했다는 것을 의미한다.

예술의 역사에서 작가의 이름을 본격적으로 표시하기 시작한 건 서양에서 르네상스 이후의 일이다. 그것은 작가의 위상이 올라가고 예술의 자율성이 어느 정도 보장되었다는 것을 의미한다. 이탈리아를 중심으로 시작된 르네상스는 신 중심의 문화에서 벗어나 인간 중심의 현세적인 문화를 위해 이성을 중시했다. 이를 위해서 미술에서는 원근법이나 명암법을 개발하여 신화나 성경의 이야기를 생생한 현실처럼 재현했다. 이러한 재현의 기술은 수학적 측정과 객관적 관찰을 통해서 성취한 것이고, 이는 종교의 속박에서 겨우 빠져나온 예술이 이번에는 과학에 종속되었음을 의미한다. 르네상스를 대변하는 천재 화가 다빈치는 화가이기 이전에 과학자였다는 사실이 이를 입증한다.

과학의 논리는 지적인 이성에 의존하여 모호한 세계를 명확하고 사실적으로 파악하는 것이고, 고전미술은 이에 부합하여 명료한 형태와 정적이고 안정된 구도를 중시했다. 이러한 고전주의 전통은 서양에서 종교개혁 이후에 바로크와 로코코 시대에 잠시 도전을 받았지만, 19세기 초 신고전주의까지 대세를 이루었다.

예술의 독립은
낭만주의에서 시작되었다.

종교에서 힘들게 탈출한 예술이 이번에는 과학의 노예가
되었음을 자각한 것은 19세기 낭만주의자들에 의해서다.
영국의 낭만주의 작가 윌리엄 블레이크의 "예술은 생명의
나무요, 과학은 죽음의 나무다"라는 말에는 과학의 노예 상
태에서 예술을 구해 내고자 하는 강한 의지가 담겨있다. 감
성이 풍부한 낭만주의자들에게 뉴턴의 물리법칙으로 환원
된 하늘은 신비하지도 않고 감동도 없는 차가운 죽음의 세
계로 보였다. 그래서 그들은 수학적인 이성 대신 감성과 상
상력을 동원하여 과학으로 포착할 수 없는 자연의 숭고함
과 신비한 영적인 세계에 눈을 돌리게 된다.
　　20세기 초 물질과 정신의 초자연적 관계를 발견하고
자 한 상징주의나 개인의 주관적 내면과 자발적 창조 행위
를 중시한 표현주의, 그리고 개인의 억압된 무의식을 다룬
초현실주의 역시 낭만주의의 변주로 볼 수 있다. 그리고 넓
은 의미로 보면 이성의 이분법적 논리를 해체하는 포스트

모더니즘 역시 낭만주의적 특징이 반영되어 있다고 볼 수 있다.

예술은 신성한 창조성을 발휘하는 '창작론'을 다룬다.

예술의 역사에서 낭만주의는 현대미술의 시작이자 예술의 자율성을 위한 독립운동으로 전개되었다. 이것은 과학적 지성 너머에 존재하는 신비한 세계에 접근하기 위해 개인 내면의 신성한 능력을 일깨우는 계기가 되었다. 그럼으로써 예술은 종교의 작가론적 접근이나 과학의 작품론적 접근과 달리 자신의 신성한 창조성을 발현하는 '창작론'의 영역에 이르게 되었다.

오늘날 현대미술이 어떤 내용을 재현하거나 타 분야를 위해 봉사하는 기능에서 벗어나 순수하게 '독창성 게임'이 된 것은 전적으로 이 때문이다. 그 게임의 승자가 되기 위해서는 어쩔 수 없이 자신의 신성한 창조성을 발휘해야 한다. 나는 이러한 예술의 자율성이 우리에게 매우 중요한 의미를 시사한다고 생각한다.

인간의 위대성은 피조물인 동시에 스스로 무언가를 창

조할 수 있는 신성한 능력을 지녔다는 점에 있다. 자기 안에 잠재된 이 창조성을 발휘하여 독창적인 문화를 생산하는 건 예술의 자율성인 동시에 인간의 궁극적인 목적이 아닐까? 그런 관점에서 나는 예술이 종교보다 중요한 역할을 담당해야 한다고 생각한다. 자식을 낳아봐야 부모의 마음을 온전히 이해할 수 있듯이, 창조적인 인간만이 창조주인 신을 이해할 수 있기 때문이다.

추한 것은 무질서한 것이 아니라 질서가 굳어진 것이다.

우리가 신을 관념적인 개념으로 이해하면 자칫 교리나 편협한 지식으로 선악을 판단하려는 도그마에 빠지기 쉽다. 그래서 종교전쟁을 일으키고 종교 간에 갈등이 생기는 것이다. 종교적 도그마와 맹목적 믿음은 인간을 자유롭게 하는 게 아니라 오히려 억압하고 노예화한다. 마르크스가 "종교는 민중의 아편"이라고 비판하고, 니체가 "노예도덕"이라고 비판한 것은 그러한 이유 때문이다. 추한 것은 무질서한 것이 아니라 질서가 굳어진 것이다.

위대한 종교의 성인들은 공통으로 교조화된 교리나 형

식에서 벗어나 자기 내면에서 신성을 발견하도록 가르쳤다. 이러한 징표는 삶 속에서 지혜와 창조성으로 드러난다. 따라서 참된 종교는 소속을 중시하고 삶의 도피처를 제공하는 게 아니라 삶을 창조적으로 살아가게 한다. 종교의 이상은 오직 창조적인 삶을 통해서 구현될 수 있기 때문이다. 그렇게 보면 창조적인 예술가의 삶이 신앙의 완성이라고 할 수 있다.

인생이 자신의 창조성을 발휘할 기회이고, 이것이 궁극적 목적이 된다면 돈이 목적이 된 오늘날의 자본주의 병폐를 치유할 수 있을 것이다. 창조적인 사람들은 자기 분야의 경직된 관습과 적폐를 자유롭게 하고자 한다. 경직된 관습은 오래되어 부패한 음식처럼 우리를 병들게 하기 때문이다. 그런 면에서 예술은 생존을 위한 일용할 양식이기보다는 우리가 병들었을 때 치료를 위한 약이나 백신과 가깝다. 환자가 있어야 병원이 필요하듯이, 억압되고 경직된 현실에서 예술은 오히려 빛을 발한다.

시대정신과 ——
예술의 —— 패러다임

혹독하게 추운 겨울이 지나고 따듯한 봄이 되면 앙상한 나뭇가지에서 새싹이 돋아나고 나무들이 경쟁하듯이 꽃망울을 터뜨린다. 이 기적 같은 변화를 주도하는 건 나무가 아니라 기후다. 나무들은 단지 생존을 위해 변하는 기후에 적응하며 종자의 의지를 실현할 뿐이다. 인간의 문화 역시 초월적인 시대정신이 변화를 이끌고, 문화적 가치를 결정한다. 무더운 여름에 필요한 에어컨이 겨울에 불필요한 물건으로 전락하는 것은 품질의 문제가 아니라 기후의 변화 때문이다.

예술에서도 시대정신은 작품의 가치를 결정짓는 조건이 된다. 과거 출산이 중요했던 구석기 시대에는 〈빌렌도르프의 비너스〉처럼 생식기가 강조된 여인상을 이상적으로

〈빌렌도르프의 비너스〉, 구석기 시대

〈밀로의 비너스〉, 고대 그리스

생각했다. 그러나 고대 그리스 시대에는 〈밀로의 비너스〉처럼 8등신의 황금비례를 가진 여인을 미의 기준으로 삼았다. 그리고 사실적인 재현에서 벗어나고자 한 현대미술에 오면 피카소의 〈아비뇽의 처녀들〉처럼 여인의 인체가 그로테스크하게 변하기도 한다.

예술의 역사적 전개 과정은
불연속적이다.

미의 기준이 시대에 따라 변한다는 것은 예술의 역사에 불연속이 존재한다는 것을 의미한다. 미국의 과학철학자 토머스 쿤은 『과학혁명의 구조』(1962)에서 과학의 세계에서도 이러한 불연속이 혁명적으로 나타난다고 말한다. 그는 과학에서 확실하게 받아들여지던 중심 이론이 시간이 지나면 기능적 결함을 노출하게 되고, 그 이론적 결함을 보완할 이론이 등장하여 새로운 패러다임이 열린다고 본다. 그리고 시간이 지나면 그것이 다시 보편적인 정상 과학으로 정립하는 과정을 반복한다는 것이다.

이처럼 한 패러다임의 생성과 소멸은 바이러스가 퍼졌다가 소멸하는 과정과 비슷하다. 우리가 코로나바이러스의 전파과정에서 경험했듯이, 바이러스는 어느 시기에 돌연히 생겨나 강한 전파력으로 주변을 감염시킨다. 그리고 팬데믹으로 크게 번성한 이후에는 점차 그 세력이 약화되어 소멸의 길을 걷게 된다.

이 같은 패러다임의 변화는 예술에서도 예외가 아니다. 역사에 기록된 중요한 예술가들은 당대의 인기와 상관없이 시대정신의 흐름을 정확하게 간파하고 패러다임을 이끈 작가들이다. 예술의 패러다임은 일반적으로 소수의 아방가르드에 의해서 새로운 혁명이 시작되고 점차 확산하여 아카데미즘으로 꽃피운다. 그리고 그것이 일반인들에게까지 확산하면 매너리즘으로 쇠락한다. 이 과정은 한 바이러스의 흥망성쇠처럼 마름모꼴의 형태를 띠게 된다.

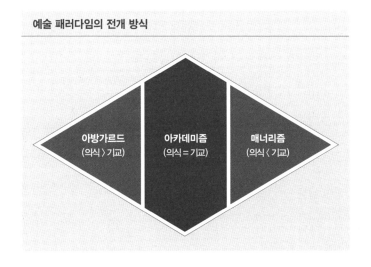

예술 패러다임의 전개 방식

아방가르드
(의식 > 기교)

아카데미즘
(의식 = 기교)

매너리즘
(의식 < 기교)

예술의 패러다임은 아방가르드로 시작되어
아카데미즘으로 꽃피우고,
매너리즘으로 쇠락한다.

역사를 선도하는 아방가르드 예술가들은 관습적인 틀에 갇혀 경직되고 기교적으로 공식화된 양식을 거부한다. 그들은 제도 안에서 안정을 추구하기보다는 경직된 전통을 해체하고 불안정한 미지의 영역을 탐구하며 자유를 갈망한다. 이러한 전위적인 행동은 기존의 권위적인 아카데미즘에 큰 위협이 되기에 그들로부터 공격을 피할 수 없다. 그리고 안정되고 익숙한 양식을 좋아하는 대중들로부터도 소외될 수밖에 없다.

이들의 용기 있는 역성혁명이 성공하느냐 실패하느냐의 여부는 전적으로 시대정신에 달려 있다. 이들의 대안이 시대정신에 부합하면 시간이 지날수록 추종자들이 늘어나 큰 영향력을 행사하게 된다. 이러한 아방가르드 작품들은 그 목적이 본질에서 멀어진 경직된 양식을 해체하는 데 있기에 숙련된 기교보다 저항 의식을 중시한다. 그래서 대개 양식이 매우 거칠고 파괴적으로 느껴져 미를 좇는 대중들이 멀리하는 이유가 된다.

혁명적인 아방가르드의 도전과 실험이 공감대를 얻어

그 미학적 가치가 발견되면 아카데미즘으로 자리 잡게 된다. 그러면 그 미학적 이념에 따라 양식을 공식화함으로써 대중화에 이바지한다. 이것은 아방가르드가 해체시킨 공터 위에서 재건축하듯이 새로운 질서를 세우는 작업이다. 이로써 거칠고 파괴적으로 느껴졌던 실험적인 작품들은 일정한 공식에 따라 안정되고 세련된 기교로 표현하게 된다. 그리고 이러한 양식의 미학적 가치가 전파됨으로써 점차 대중적으로 확산하여 간다.

대중들은 자신들이 익숙하고 편안한 아카데미즘을 선호한다.

일례로 미술에서 19세기 후반 인상주의가 처음 나올 때는 고전주의에 익숙한 사람들에게 큰 충격을 주었다. 마네나 모네 같은 선구자들이 처음에 대중들의 심한 비난을 받은 건 그 때문이다. 인상주의라는 말 자체도 견고한 고전주의 그림과 비교해서 표면적인 인상에 불과하다는 비아냥에서 비롯된 것이다. 그러나 그러한 양식이 점차 아카데미즘으로 자리 잡아 오늘날에는 가장 대중적인 양식이 되었다. 피카소나 뒤샹 같은 이들도 그러한 혁명에 성공하여 오늘날 아카데미즘까지 나아간 작가들이다.

　예술의 본질에 대한 고민이 없는 대중들은 일반적으로 아카데미즘에 기반한 익숙하고 편안한 양식을 선호한다. 그래서 아카데미즘이 확산하면 그 양식에 대중적 수요가 확대되고 많은 작가들이 몰려들게 된다. 그러면 정해진 공식에 따라 아마추어 작가들도 쉽게 따라 할 수가 있게 되어 차별화가 어려울 정도로 많은 작품이 쏟아지게 된다.

　이러한 과정은 험난한 여행지가 명소로 알려져 차가 다닐 수 있는 길이 생기고 누구나 즐겨 찾는 관광명소로 변하는 것과 비슷하다. 그러면 프로 등반가들은 사람들이 북적이고 장삿속으로 변한 관광지에 흥미를 잃고 새로이 도전할 만한 미지의 장소를 찾아 나선다.

　이처럼 아카데미즘이 대중에게까지 확산하면서 생겨나는 문제는 예술의 목적인 독창성이 약해지고 작품들이 서로 비슷해진다는 것이다. 이것은 대중적 수요를 만족시키기 위해서 예술의 상품화와 작가의 기업화가 이루어진 까닭이다. 그러면 창조적 의식은 사라지고 틀에 박힌 공식에 따라 오직 기교에 의존하여 작품을 제작하게 되는데, 이것이 매너리즘이다.

예술의 타락은 양식적 기교가
창조적 의식을 대신할 때 나타난다.

미학적 개념으로서 매너리즘은 '양식'을 의미하는 이탈리아어 '마니에라maniera'에서 유래한 말로 위작자가 대가의 걸작을 복사하듯이, 오직 기교로서 같은 양식을 반복한다는 의미다. 모든 타락은 수단이 목적을 대신할 때 나타나듯이, 예술의 타락도 수단에 불과한 양식적 기교가 창조적 의식을 대신할 때 나타난다. 매너리즘은 미를 명분으로 자행되는 예술의 타락이다. 여기서는 오직 상업적 목적이 예술의 추동력이 되고, 점차 시대정신과 괴리가 커지면서 또다시 아방가르드의 역성혁명이 필요하게 된다.

대중들은 언제나 안정되고 익숙한 아카데미즘을 선호하지만, 그것이 때로는 작가들을 매너리즘으로 유혹하는 빌미를 제공하기도 한다. 기업이 생산하는 물건은 소비자의 취향과 요구에 부응해야 하지만, 예술가는 대중이나 컬렉터의 요구에 부응하는 순간부터 위험해진다. 이것이 상품과 예술작품의 다른 지점이다. 그래서 뒤샹은 "대중을 기쁘게 하는 것은 언제나 위험하다. 진정한 관람자를 감동시키려면 50년이나 100년을 기다려야 할 수도 있다"라고 말했다.

인기 작가들도 대중들의 요구에 부응하다 매너리즘에

빠지는 경우가 빈번하다. 그러면 문제의식과 주제가 사라지고 자기 복제를 하며 비슷한 작품들을 양산하게 된다. 피카소는 "다른 사람의 그림을 모사하는 일은 필요하지만, 자신의 그림을 모사하는 건 슬픈 일"이라며 매너리즘을 경계했다.

예술은 이처럼 아방가르드와 아카데미즘과 매너리즘이 순환하며 한 패러다임을 이루고 또다시 새로운 시대정신으로 교체되는 것을 반복한다. 이것이 예술의 역사가 불연속적일 수밖에 없는 이유다. 우리가 예술사를 프리모던과 모던, 그리고 포스트모던이라는 크게 세 개의 패러다임으로 나눌 때, 각각 그 안에 아방가르드와 아카데미즘과 매너리즘이 있다. 역사를 공부한다는 건 한 패러다임의 시대정신을 간파하고 하나의 양식이 어디에 속하는지를 탐구하는 것이다. 그럴 때 우리는 예술작품의 참다운 가치를 올바르게 이해하고 평가할 수 있다.

예술 패러다임의 전개 방식

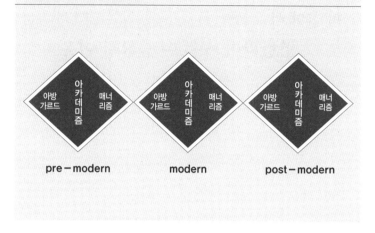

예술에서
—— 영향력이 —— 중요한 이유

미술사를 아주 꼼꼼히 공부한 사람이 아니라면 윌리엄 부게로(1825-1905)라는 작가를 기억하는 사람은 많지 않을 것이다. 그는 19세기 후반 살롱전을 중심으로 활동하며 당시 프랑스 아카데미즘의 대부로서 큰 영향력을 행사했던 화가였다. 고전주의를 계승하여 신화적인 주제와 아름다운 여인을 사실적으로 그린 그의 작품은 당시 인기가 높아 최고 가격에 판매되었다. 그런데도 우리는 왜 당시 그보다 인기가 없었던 마네나 모네는 기억하면서 그를 기억하지 못하는 것일까?

그가 활약했던 살롱전은 17세기 중반부터 약 200년간 프랑스 미술을 지배했는데 당시 심사위원들은 전위적인 작품들을 퇴짜놓거나 매도하며 견제했다. 보수적인 그들의 관점에 마네를 비롯한 젊은 인상주의 화가들의 작품이 눈에 들어올 리가 없었다. 심사위원이었던 부게로는 "나는 예술에서 아름다운 것만 보고 싶다. 자연의 추함을 그대로 그리며 새로운 예술이라고 우기는 화가들의 의도가 도대체 무엇인가"라며 젊은 인상주의 작가들의 작품들을 번번이 낙선시켰다.

역사의 평가는
영향력에 의해서 결정된다.

당시 살롱전에서 낙선된 화가들은 심사가 없이 자유롭게 출품할 수 있는 낙선자 전람회를 통하여 대중들에게 작품을 보여줄 수밖에 없었다. 그런데 시간이 지나면서 비권위적인 낙선자 전람회가 오히려 큰 주목을 받게 된다. 1880년경부터는 마침내 타성에 젖은 살롱전의 권위가 추락하고 인상주의가 대중의 호응을 받으며 프랑스 미술계의 주류로 자리 잡게 된다. 인상주의 혁명이 성공을 거두자 과거 명성과 영예를 누려왔던 부게로 같은 고전주의 화가들은 더는 영향력을 행사할 수 없게 된 것이다.

이것이 바로 냉혹한 역사의 심판이다. 역사의 평가는 당대의 인기와 무관하게 후대의 영향력에 의해서 결정된다. 따라서 작품의 가치는 그것이 제작된 시기에 무관하게 논의될 수 없다. 만약 부게로의 작품 〈비너스 탄생〉(1879)이 15세기 작품이라면 많은 작가에게 영향을 주었을 것이다. 그러나 19세기에 그려진 부게로의 작품은 르네상스 화가 라파엘로의 〈갈라테이아의 승리〉(1514)의 영향에서 비롯된 것이다.

부게로의 작품은 매우 잘 그려졌으며, 인체의 이상적인 비례와 안정된 구도, 그리고 원근법과 명암법을 통한 재현의 방식은 전형적인 고전주의 화풍을 따르고 있다. 물론 약간의 변화는 있지만, 그것은 고전주의의 양식 안에서의 미세한 차이이고, 대부분은 아카데미즘의 공식에 따라 그려진 것이다.

이처럼 당시 명성을 누렸던 부게로의 인기가 점차 식어간 이유는 무엇일까? 그것은 기교가 부족하거나 아름답지 못해서가 아니라 독창성과 영향력이 부족하기 때문이다. 익숙한 아름다움을 추구하는 대중들은 새롭고 독창적인 작품에 거부감을 가질 수 있다. 그러나 시간이 지나면 독창성이 부족한 작가들은 점차 인기가 식어간다. 주식으로 보면 특별한 게 없어서 성장하기 어려운 기업은 시간이 지날수

부게로,
〈비너스 탄생〉, 1879

라파엘로,
〈갈라테이아의 승리〉, 1514

록 가치가 떨어지는 것과 같다. 우리가 미술사에서 다루는
작가들은 기교가 뛰어난 작가들이 아니라 독창적인 작가들
이다.

독창성은 영향력이 뒤따를 때
가치를 갖는다.

독창성은 모든 작가가 추구할 이상이지만, 독창적인 것이
모두 가치 있는 게 아니다. 그것이 가치를 가지려면 주변으
로 퍼져나가는 영향력이 있어야 하고, 그러려면 미래의 수
요를 충족시킬 수 있어야 한다. 어떤 새로운 양식이 영향력
을 갖는다는 건 결코 쉬운 일이 아니다. 이것은 시대정신의
흐름을 간파하는 직관과 통찰력을 요구한다. 그럴 때 현실
의 문제를 해결할 미래의 비전을 제시할 수 있기 때문이다.
　예술의 역사가 우리에게 주는 교훈은 시대정신과 무관
한 절대적인 아름다움은 존재하지 않는다는 것이다. 우리가
역사를 통해 배워야 할 건 대가들의 양식이 아니라 굳어진
관습을 녹여내어 시대적 요구에 맞게 변형시키는 창조적인
의식이다. 역사를 단순히 지식으로 이해하거나 대가들의 양
식을 맹목적으로 추종하는 것은 자기가 좋아하는 작가의

아류를 자처하는 것이다. 작가에게 전통은 추종만 해서도 안 되고 버려서도 안 되는 것이다. 예술가에게 전통은 창작의 불꽃을 태우기 위한 불쏘시개처럼 활용되어야 한다.

아마추어 작가는 과거 수요를 따르고 대가는 미래 수요에 주목한다.

공장에서 만드는 상품은 일반적으로 수요와 공급의 법칙에 따라서 가치가 결정된다. 자유 경쟁 시장에서는 수요가 공급보다 더 많은 초과 수요가 발생하면 수요자들 사이의 경쟁으로 가격이 상승한다. 그러면 수요량은 감소하고 공급량은 증가하여 균형 가격으로 돌아가게 된다.

예술에서도 이러한 수요 공급의 법칙이 적용되지만, 중요한 것은 영향력이 있는 좋은 작가일수록 미래 수요에 주목한다는 것이다. 대개 문제의식이 없는 아마추어 작가들은 기교에 치우치기에 과거 수요라고 할 수 있다. 프로 작가가 되면 당면한 현실에서 문제를 찾아내므로 현재 수요에 주목한다. 그리고 역사에 살아남은 위대한 대가들은 다가올 미래 수요에 주목하여 고독한 길을 피하지 않는다. 그들에게는 일반적인 수요 공급의 법칙이 적용되지 않는다.

이는 부동산의 고수들이 이미 개발이 완료된 대도시보다 대도시의 문제를 해결할 신도시 예정지에 투자하는 것과 같은 이치다. 이미 개발이 끝난 대도시는 매우 편리하지만 많은 경제적 대가를 치러야 하고 시간이 지날수록 가치가 하락한다. 그러나 신도시 예정지는 시간이 지날수록 수요가 많아져서 가치가 올라간다.

예술에서 영향력이 중요한 이유는 미래에 관한 비전이 작품에 담겨 있기 때문이다. 따라서 예술가는 현재의 문제와 더불어 미래를 사유할 수 있어야 한다. 그들의 비전은 오랜 시간이 지나봐야 그 가치가 확인되지만, 역사는 그런 사람들의 영향력에 의해서 인도된다. 역사에 살아남은 대가들이 종종 죽어서 명성이 높아지는 것은 이러한 이유 때문이다.

현대미술이
─── 난해한 이유

일반인들이 베네치아비엔날레나 카셀도쿠멘타 같은 국제적인 미술 행사에서 받게 되는 인상은 작품에 대한 공감이나 감동보다는 "아니 저것도 예술이야?" 하는 난감함일 것이다. 어떤 사람은 자신의 상식에 벗어난 추하고 그로테스크한 작품에 불쾌한 감정을 숨기지 못하고 "미친놈들"이라고 욕설을 퍼붓기도 한다. 그러기엔 미친놈들이 너무 많고 이미 국제적으로 유명해진 작가들일수록 작품이 난해하고 황당한 경우가 많다. 이처럼 동시대 미술에서 느끼는 난감함은 보수적인 작가들에게도 예외가 아니다.

일단 마음에서부터 거부감이 생기면 현대미술이 부담스럽고 그와 멀어지게 된다. 그렇다고 감동이 없는 작품을 억지로 좋아할 수도 없는 일이다. 그렇다면 우리는 왜 이처럼 낯설고 그로테스크하게까지 보이는 현대미술을 굳이 이해하고자 하는 것일까? 또 어떤 태도로 접근해야 거부감 없이 현대미술을 가까이하고 즐길 수 있을까?

지식은 대상을 탈신비화하면서 소외시키는 양날의 검이다.

우리가 낯설고 친숙하지 않은 대상에게 두려움을 느끼는 건 원초적인 본능이다. 대상의 정체를 알지 못하고 그것의 안전성과 위험성을 판단할 수 없을 때 우리 뇌는 그 대상을 위협으로 간주하기 때문이다. 그래서 인간은 지식을 통해서 인간에게 위협이 되는 대상을 이해하고자 노력했다. 인간의 과학 문명은 다름 아닌 자연의 위협으로부터 인간을 보호하려는 노력으로 출발한 것이고 이것은 신비한 세계를 탈신비화하는 과정이었다.

　　과학이 발전하기 이전 고대인들은 매일 뜨는 태양을 신비롭게 생각하여 태양을 숭배하고 경외의 대상으로 삼았다. 그러나 오늘날 현대인들은 태양이 뜨고 지는 것을 당연하게 여기고 별로 대수롭지 않게 생각한다. 그것은 태양에 관한 지식이 생겼기 때문이다. 어떤 대상에 관한 어설픈 지식은 심리적으로 그 대상을 무시하게 함으로써 대상으로부터 소외되는 원인이 된다.

과학은 신비한 세계를 탈신비화하여 인간에게 필요한 수많은 지식을 제공하였으나 한편으로는 그러한 지식이 물자체物自體로서 대상의 신비를 간과하는 오류를 범하게 하였다. 그것은 언어를 통한 개념화된 지식을 실재라고 착각함으로써 생기는 현상이다. 우리가 개념화한 지식을 실재라고 생각하는 순간 우리는 대상에 대한 호기심과 탐구를 거두게 된다. 따라서 우리에게 지식은 대상을 탈신비화하여 친숙하게 만들면서 동시에 대상으로부터 멀어지는 양날의 검과 같은 것이다.

현대미술은 탈신비화된 지식을 '재신비화'하고자 한다.

과학이 고도로 발달한 현대사회에서 예술의 역할은 탈신비화된 대상을 다시 신비한 것으로 되돌려 놓는 것이다. 우리가 사는 익숙한 곳을 떠나 낯선 오지를 여행하면 불안하지만, 적응을 위해서 잠자던 감각이 깨어난다. 그처럼 현대미술의 주요 임무는 탈신비화된 지식을 불안하게 하고 지식에 갇힌 대상을 '재신비화'하는 것이다.

과거 르네상스 시절에는 예술이 과학에 동조했으나 현대예술은 예술의 자율성을 추구하면서 과학과 결별하고 재신비화의 길을 걸었다. 현대미술의 출발을 낭만주의로 보는 건 이러한 전략이 확실하게 드러나기 때문이다. 이를 위해 현대미술은 친숙한 대상을 기묘하고 낯설게 만들어 보는 사람의 상식과 편견을 뒤흔들어 놓아야 했다.

이러한 현대미술의 전략은 불교의 선문답과 비슷하다. 선문답의 대가 조주 선사는 제자가 "달마가 중국에 온 까닭은 무엇입니까?"라고 묻자 "뜰 앞에 잣나무"라고 대답했다. 친절한 설명을 기대했던 제자는 그 대답이 너무 어려워서 재차 물었지만, 그의 대답은 여전히 같았다. 선사는 설명할 수 없는 진리를 설명하는 오류를 범하기보다 차라리 눈앞에 있는 잣나무를 있는 그대로 보라는 의미였다. 또 운문 선사는 제자가 "부처가 무엇입니까?"라는 질문에 "마른 똥막대기다"라는 다소 황당한 화두를 내놓았다.

이처럼 선문답은 어떤 대상에 대한 친절한 설명 대신 질문자의 이분법적 사고와 개념적 지식을 깨뜨리려는 게 목적이다. 그럼으로써 기존의 고정관념에서 벗어나 자유로운 해방감을 맛보게 하는 것이다. 이러한 선문답의 효과는 좌뇌의 분석적이고 지적인 이해에서 벗어나 우뇌를 통한 감각적인 공명과 직관적인 통찰이 가능해지는 것이다. 이것이 현상학적인 판단중지와 유사한 효과를 갖게 한다.

현대미술은 선문답처럼 정신에 '숭고'한 충격을 준다.

이처럼 현대미술의 목적은 우리에게 아름다움을 제공하여 행복감을 느끼게 하거나 새로운 무언가를 계몽하려는 게 아니라 편견으로 물든 정신에 충격을 가하는 데에 있다. 이것은 '숭고'의 미학이라 할 수 있는데, 이러한 작품을 미의 기준으로 이해하려 하기에 어려운 것이다. 칸트가 말한 바 있듯이, 숭고는 우리의 상상력을 압도하는 대상에서 느끼는 두려운 감정이다. 이 대상에서 우리는 불쾌감을 느끼지만, 인식의 극적인 한계를 체험함으로써 오히려 정신은 자유로워질 수 있는 것이다.

우리의 뇌는 때로 바이러스와 악성코드에 감염된 컴퓨터처럼 잘못된 관념이 사고의 오작동을 일으킨다. 이럴 때 백신 프로그램을 통해서 바이러스를 제거해 주면 다시 생생하게 잘 돌아간다. 이처럼 현대미술의 역할은 어떤 새로운 정보를 제공하는 게 아니라 기존의 관념과 편견에서 빠져나오게 하는 것이다. 이것을 이해할 때 우리는 비로소 현대미술에 열린 마음을 갖게 되고 즐길 수 있는 것이다. 그러한 태도로 현대미술을 대하면 그동안 좋아 보이던 친숙한 작품들이 진부해 보이고 난해하게 여겨졌던 작품들이 오히려 통쾌하고 시원하게 느껴질 수 있다.

이와 같은 변화는 예술을 대하는 태도에 기인한 것이다. 우리의 인식을 혼란하게 만드는 난해한 불쾌감은 반드시 부정적인 것만은 아니다. 우리 몸의 근육을 단련시키려면 근육의 고통을 거쳐야 하듯이, 우리의 의식을 성장시키기 위해서는 인식의 고통을 경험해야 하기 때문이다. 운동의 효과는 편하냐 고통스럽냐의 문제가 아니라 결과적으로 몸이 좋아졌는지가 중요하다. 마찬가지로 예술의 효과는 작품이 아름다운지 추한지, 혹은 쉬운지 어려운지가 아니라 결과적으로 우리의 의식을 자유롭게 해줄 수 있느냐 하는 점이 중요하다.

2장

어떻게 평가할 것인가

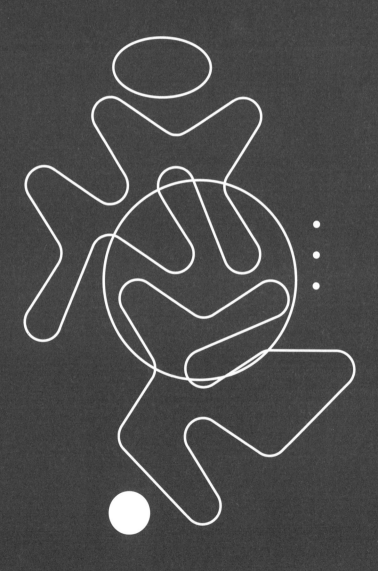

볼 수 있어야
── 만들 수도 ── 있다

스포츠는 전문가가 아니더라도 누구나 약간의 시간을 투자하면 게임의 규칙을 이해하고 즐길 수 있다. 그러나 현대미술은 작품에 대한 평가가 주관적이고 난해해서 전문가가 아니면 이해하기 어렵다. 특히 국제적으로 알려진 동시대의 중요한 작가들의 작품일수록 더욱 난해해서 우리를 당황스럽게 만든다. 그러나 분명한 것은 미술도 스포츠처럼 분명한 규칙이 있고, 이것을 모르고서는 작품을 즐기고 평가할 수 없다는 것이다.

예술작품을 평가한다는 것은 알곡을 거두기 위한 키질과 같이 진짜와 가짜, 걸작과 졸작을 식별하는 일이다. 모든 분야가 마찬가지지만, 예술계가 발전하려면 무엇보다도 규칙이 투명하고 평가가 객관적이어야 한다. 이처럼 작품을 제대로 평가할 수 있는 안목은 평론가뿐만 아니라 작가와 큐레이터, 컬렉터와 관람객에 이르기까지 미술에 관계되는 모든 사람에게 필요한 소양이다.

일반인이 작품을 보는 안목이 없이 미술관을 돌아다니는 것은 규칙도 모르고 미식축구를 보는 것처럼 재미없는 일이다. 또 컬렉터나 큐레이터, 평론가 같은 미술 관계자가 올바른 기준 없이 취향에만 의존하여 작품을 평가한다면, 판례를 무시하고 자기 멋대로 판결하는 판사처럼 위험한 일이 벌어질 것이다. 그리고 작가들이 걸작에 대한 객관적 기준이 없이 자기 취향만 절대시하여 제작한다면, 좋은 작품을 기대하기 어려울 것이다.

작품을 보는 안목이 있어야
창작의 방향이 보인다.

좋은 작가가 되려면 우선 작품에 관한 좋고 나쁨을 객관적으로 평가하는 기준이 있어야 한다. 그것은 일류 요리사가 음식의 맛을 예리하게 평가할 수 있는 뛰어난 미각을 지니고 있어야 하는 것과 마찬가지다. 그들은 요리할 때 맛을 예민하게 느끼기 위해 담배나 과음을 피하고 자극적인 음식도 멀리한다. 또 절대 미각으로 음식을 맛보기만 해도 어떤 재료가 어떤 비율로 들어가 있는지를 정확히 분석해 낼 수 있다. 물론 미식가들이 다 음식을 잘하는 것은 아니지만, 맛에 대한 이데아가 있다는 건 요리를 잘하기 위한 매우 중요한 조건이다.

작품을 창작하는 작가도 자신의 안목으로 다른 작가의 장단점을 객관적으로 분석할 수 있어야 한다. 작품이 잘 안 풀리는 작가들은 대개 이러한 기준이 없거나 있어도 그 기준이 전문적이지 못한 경우가 많다. 그러면 자신이 나아갈 방향을 잡을 수가 없어서 헤매게 된다.

작품의 평가는 취향이 아니라 수준을 다루어야 한다.

우리는 흔히 미술작품은 다양한 해석이 가능하고 평가가 주관적이라고 한다. 사람마다 예술에 대한 개념과 미에 관한 개개인의 취향이 다르므로 틀린 말은 아니다. 그러나 그러한 주관적인 취향으로 작품의 수준까지 평가하는 것은 위험한 일이다. 그러면 자신의 약점마저 취향의 문제로 간주하기에 개선의 여지가 없다. 아마추어 작가들에게는 취향이 중요할 수 있지만, 프로의 세계에서는 수준이 중요하다.

어떤 작가는 자기 취향을 절대시하여 스스로를 대가처럼 여기는 작가들도 있다. 이들은 독불장군처럼 자신에 대한 남의 평가를 귀담아들으려 하지 않고 남의 충고를 자신에 대한 공격으로 받아들인다. 이러한 경향은 아직 상징계에 진입하지 못하고 상상계에 있는 젊은 작가들에게 종종 발견된다. 그들은 자신을 알아보지 못하는 세상을 원망하거나 자신의 문제를 흔히 홍보의 부족이나 인맥의 부재로 돌린다.

취향은 수평적인 차이라면 수준은 수직적인 차이다. 작품에 대한 평가는 주관적인 취향을 다루는 게 아니라 수직적인 수준을 평가하는 일이다. 취향은 주관적이지만, 수준은 객관적이다. 따라서 작가들이 남의 평가를 받아들여야 할 지점은 수준에 관한 문제지 취향이 아니다. 또 남의 작품을 평가할 때도 수준에 대해서 논해야지 취향을 가지고 평가해서는 안 된다.

가령 우리는 종종 예술의 사회참여를 중시하여 민중미술을 선호하는 취향을 가진 사람이 유미주의에 의존하여 추상적인 작품을 하는 작가들을 무시하거나 그 반대의 경우를 볼 수 있다. 이것은 취향에 따른 평가이지 수준에 따른 평가가 아니다. 수준에 따른 평가는 작품의 양식에 상관없이 시대를 초월해서 자신의 객관적 기준으로 작품성을 평가할 수 있어야 한다.

작품에 관한 좋고 나쁨을 판단할 때는 반드시 그것이 취향인지 수준인지를 확인할 필요가 있다. 그것이 취향이라면 아직 작품을 보는 전문적인 식견이 없고 독단적이라는 것이다. 개인적인 취향을 기준으로 평가하면, 자칫 미술사의 중요한 대가들을 다 쓰레기 취급해야 할 수도 있다.

객관적 평가의 기준을 위해
검증된 대가의 조건을 탐구해야 한다.

작품의 수준을 평가하는 안목을 갖추려면 무엇보다도 피카소나 뒤샹처럼 이미 미술사적으로 검증된 대가들을 연구 대상으로 삼아 그 조건을 탐색해야 한다. 작가의 명성이 아니라 객관적인 조건에 의해서 그들이 왜 좋은 작가인지를 설명할 수 있을때 비로소 올바른 안목이 생겼다고 할 수 있다.

미술사적 검증도 약간의 주관성이 있지만, 조건이 안 되는 작가들은 시간이 지날수록 잊히게 되어 있다. 역사적 평가는 철저하게 영향력에 의해서 결정되기에 사후 100년 정도 지나고 나면 그 결과를 확실한 지표로 확인할 수 있다. 그것마저 불신하면 어떤 기준도 세우기 어렵고 그야말로 독불장군이 된다. 잘못된 기준으로 작품을 보면 잘못된 평가를 할 수밖에 없고, 결국 잘못된 방향으로 나아갈 수밖에 없다. 자신이 잘 안 보이는 안경을 쓰고 세상이 흐릿하다고 비난하는 것은 어리석은 일이다.

안목이란 아는 것을 보는 게 아니라 알지 못하는 것을 보는 능력이다.

흔히 "아는 만큼 보인다"라는 말이 있지만, 그것은 작품 평가에 있어서 옳지 않은 말이다. 작가에 대한 지식이 많은 미술사가가 안목이 있을 것 같지만, 현실은 그렇지 못한 경우가 많다. 작품을 보는 안목은 지식으로 해결할 수 없기 때문이다. 미학과 미술사, 혹은 작가의 흥미 있는 일화를 다룬 책들은 작품을 이해하는 데 도움을 주지만 작품의 가치를 평가하는 것은 별개의 일이다.

또 어떤 사람은 작품을 무조건 많이 보다 보면 안목이 생긴다고 하지만, 이것도 사실이 아니다. 우리가 모르는 외국어를 아무리 많이 들어도 들리지 않는 것처럼, 뒤샹의 변기는 아무리 많이 봐도 그냥 변기일 뿐이다. 외국어도 어느 정도 기본적인 문법을 익히고 들어야 도움이 되듯이, 작품도 어느 정도 안목이 있어야 보이게 되어 있다.

진짜 안목이란 아는 것을 보는 게 아니라 알지 못하는 것을 보는 능력이다. 좋은 작가들은 언제나 독창성을 위해서 기존의 규범을 깨고 말할 수 없는 미지의 세계에 도전한다. 이것이 기존의 규범으로 규정된다면 그의 도전은 이미 실패한 것이다. 오히려 기존의 규범으로 읽기 불가능할 때 그 작가의 시도는 성공 가능성이 있다. 작품을 볼 때는 바로 그 지점을 볼 수 있는 특수한 안경이 필요하다. 좋은 작품은 언제나 우리가 포착하는 영역 너머의 다소 위험해 보이는 곳에서 우리를 유혹하기 때문이다.

안목을
가로막는 ———
편견들

이상하게도 예술의 본질에 대해 깊게 사유하거나 한 번도 고민해보지 않은 사람들이 "예술이 이런 것이다"라는 편견이 더 심한 경우가 많다. 일반인들이 현대미술을 어렵게 생각하는 것 자체가 이미 자신이 생각하는 정의가 있고, 그것에 부합하지 않기에 어렵다는 것이다. 그 개념이 어떻게 생긴 것인지는 정확히 알 수 없지만, 자신도 모르게 생겨난 그 기준으로 판단하는 것이다. 그동안 막연히 보아온 익숙한 작품들을 토대로 생겼을 수도 있고, 해외여행 때 들르는 미술관에서 본 과거 대가들의 작품들이 기준으로 잡혀 있을 수도 있다.

아무튼 자신도 모르게 무의식적으로 생긴 이러한 규범

이 편견이 되어 작품을 보는 안목을 가리게 된다. 운동을 배울 때도 전문 코치의 지도를 받지 않은 사람은 자세가 엉성해지고, 그런 잘못된 자세가 습관이 되면 실력이 늘지 않는다. 그래서 실력 향상을 위해 그것을 수정하려고 하지만, 이미 한번 익숙해진 자세를 수정하는 건 처음 배우기보다 더 어렵다. 우리의 생각이나 행동은 본능적으로 해왔던 익숙한 방식을 선호하고 편안해하기 때문이다. 작품을 보는 안목도 한번 편견이 생기면 그것을 수정하기가 쉽지 않다. 그러나 그것을 수정하지 않고서는 작품을 보는 안목이 생길 수가 없다.

아름다운 작품과
좋은 작품은 일치하지 않는다.

일반인들이 미술에 대해 흔히 가진 편견 중 하나는 "작품은 아름다워야 한다"라는 생각이다. 이러한 편견을 지니고 있으면 현대미술에 접근조차 힘들다. 피카소의 〈아비뇽의 처녀들〉에서 프랜시스 베이컨의 그로테스크한 인물화에 이르기까지 미술사의 주요 작품들은 일반인들이 생각하는 아름다움과는 거리가 멀기 때문이다. 현대미술이 우리에게 전해 주는 메시지는 예술의 본질은 아름다움에 있지 않다는 사실이다. 아름다우면 안 된다는 게 아니라 아름다움이 예술의 본질이 아니라는 것이다.

이것은 미와 예술이 일치하지 않는다는 것을 의미한다. 칸트가 말했듯이, 미는 일상적인 실용의 차원에서 벗어난 '무관심'하고 '무목적적'인 쾌감이다. 예술은 그러한 미를 지향하지만, 현실에 관한 관심과 목적에서 출발한다. 그런데 우리가 살아가는 사회 현실은 그렇게 아름다운 곳만은 아니다. 오히려 경직된 이데올로기와 정치적 권력이 개인의 자유를 억압하고 각종 부조리가 넘쳐난다. 이상적인 미와 달리 예술은 추한 사회 현실을 외면할 수 없다. 이것은 예술이 이상적인 미와 추한 현실 사이에서 존재할 수밖에 없는 이유다.

반드시 그런 것은 아니지만, 현대 작가들은 예술의 전략으로 미보다는 오히려 추를 더 선호하는 경향이 있다. 그것은 일반적으로 아카데미즘이 미에 안주하려는 경향이 있기 때문이다. 예술작품이 사물과 다른 점은 작품에는 작가의 의식이 담겨 있다는 것이다. 작가의 의식이 빠진 작품은 그냥 장식에 불과하다. 의식이 살아 있는 작가는 현실의 부조리와 억압에 저항하고 자유를 지향한다.

예술의 문제는 아름답지 못한 데 있는 게 아니라 문제

의식 없이 장식적인 기교로 전락하는 것이다. 창작이란 곧 문제해결 능력이지 장식이 아니다. 이것이 이발소 그림이나 길거리에서 파는 아름다운 작품들을 우리가 폄훼하는 이유다. 문제없는 아름다움은 싸구려 키치일 뿐이다. 작품을 보는 기준이 아름다움에 맞추어져 있으면 치열한 작가의 문제의식을 읽어낼 수 없기에 작품의 진정한 가치를 제대로 알아볼 수 없다. 그래서 피카소는 "그림은 아파트를 장식하기 위해 만들어지는 게 아니라 적에 대한 공격적이고 방어적인 무기다"라고 말했다.

좋아하는 작품과
좋은 작품은 일치하지 않는다.

예술에 대한 두 번째 편견은 자신이 좋아하는 작품을 좋은 작품이라고 생각하는 것이다. 누구나 자기가 좋아하는 주관적인 취향이 있다. 어떤 사람은 무더운 여름을 좋아하고 어떤 사람은 추운 겨울이 좋다는 사람도 있다. 음식도 어떤 사람은 한식을 좋아하고 어떤 사람은 양식을 좋아한다. 미술작품도 어떤 사람은 구상화를 좋아하고 어떤 사람은 추상화를 좋아한다.

취향이라는 것은 한 사람의 삶 속에 녹아들어 있는 개인의 주관적 기호로서 당연히 존중되어야 한다. 그리고 작가에게 주관적인 취향은 독창적인 자기 양식을 찾아가는 데 있어서 매우 중요한 역할을 한다. 예술에서 자신의 취향이 뚜렷한 작가가 성공 확률이 높은 건 그 때문이다. 그러나 우리가 작품을 평가하는 건 작가의 취향이 아니라 수준이라는 걸 이해해야 한다. 내가 좋아하는 작품이 좋은 작품일 수는 있지만, 그것이 반드시 일치하는 것은 아니다.

취향은 타인과의 수평적인 차이로서 우열을 논할 수 없다. 그러나 수준은 아무도 부정할 수 없는 객관적인 실력의 차이를 말한다. 우리가 운동선수의 수준을 파악하는 건 어렵지 않지만, 예술의 수준을 논하는 건 간단하지 않고 전문적인 식견이 필요하다. 전문가는 수준의 문제를 평가할 수 있지만, 일반인은 그냥 자기 취향을 수준이라고 생각하는 경향이 많다.

예술은 정답이 없지만, 수준이 없는 것은 아니다. 더구나 프로의 세계에서 중요한 것은 수준의 문제이지 취향이 아니다. 수준을 무시하고 취향을 절대시하면, 객관적인 평가가 이루어질 수 없기에 예술이 권력의 시녀로 전락할 수 있다. 어느 분야나 수준을 평가하는 기준이 객관적일 때 능력 있는 사람들에게 기회가 제공되는 것이다. 특히 예술 분야는 취향과 수준의 구분이 어렵기에 많은 부조리한 일들이 발생한다.

이러한 문제는 대학에서 교수를 채용할 때 능력보다 인맥을 중시하고, 교수들이 학생들을 지도할 때 교수의 주관적 취향에 따라 평가하는 것을 정당화시켜 준다. 취향은 타고나는 것이기에 가르칠 수도 없고, 강요해서도 안 된다. 이것은 학생의 개성을 짓밟고 독창적인 자기 세계를 방해하는 폭력이 될 수 있다. 의식 있는 학생이라면 그것이 왜 객관적인 수준의 문제이고, 그 같은 방향이 어떤 비전을 가져다주는지를 따져 물어야 한다.

이처럼 객관적인 수준보다 주관적인 취향을 선호해서 생기는 문제는 학교뿐만 아니라 작품을 사고파는 갤러리나 좋은 작품을 보도해야 하는 언론계에도 그대로 나타난다. 이러한 부조리한 문제는 문화 후진국으로 갈수록 심각하게 나타난다. 학생들이 많은 시간과 돈을 투자해서 외국으로 유학을 떠나려는 이유도 이처럼 주관적인 취향을 강요하는 풍토에서는 배울 것이 없기 때문이다.

잘 팔리는 작품과
좋은 작품은 일치하지 않는다.

예술에 대한 세 번째 편견은 잘 팔리는 작품과 좋은 작품을 동일시하는 것이다. 갤러리에서 작품이 판매되는 것은 전적으로 컬렉터의 기호와 선택으로 결정된다. 따라서 잘 팔리는 작품이 좋은 작품이 되려면 작품을 사는 컬렉터의 안목이 객관적이고 전문적인 수준을 갖추어야 한다. 그러나 높은 수준의 일부 컬렉터를 제외하고는 그렇지 못한 경우가 많다. 컬렉터들이 집안의 벽면을 장식할 용도로 작품을 구매하면 장식적인 작품이 잘 팔릴 수밖에 없다.

그러면 작가들은 작품을 팔기 위해서 작품성과 무관하게 잘 팔리는 스타일을 연구하게 된다. 컬렉터들이 어떤 색을 좋아하고 어떤 형상이 들어가야 잘 팔리는지를 파악하고 이에 맞추다 보면 작가는 소비자들의 요구에 맞추어 상품을 생산하는 공장과 다름없게 된다. 전업작가는 작품을 팔아야 먹고 살 수 있지만, 파는 데에만 전념하면 작가로서의 길은 끝나게 된다.

작가들에게 위험한 시기는 인기가 갑자기 높아지고 작품이 잘 팔리기 시작할 때다. 그전에는 자신의 주도로 작품을 하지만, 찾는 사람이 많아지면 주도권을 갤러리나 컬렉터에게 빼앗기기 때문이다. 생존을 위한 적당한 타협은 필요하지만, 온전히 사업가가 된다면 작가로서 불행한 일이다. 그래서 작가와 컬렉터는 항상 적당한 긴장 관계를 유지해야 한다. 추운 겨울의 난로처럼 컬렉터를 너무 가까이하면 불에 타 죽고, 너무 멀어지면 추워서 얼어 죽게 되기 때문이다.

흔히 작가들은 작품이 어려워지면 판매가 힘들게 된다고 생각하지만, 꼭 그런 건 아니다. 작품의 수준이 올라가면 더 높은 수준의 컬렉터가 따라붙기 때문이다. 자신이 거래할 컬렉터의 수준을 결정하는 건 작가 자신이어야 한다. 그래도 작품이 너무 선구적이어서 알아봐 주는 평론가나 컬렉터가 없을 수도 있다. 실제로 뒤샹처럼 시대를 너무 앞서간 대가들은 이런 경우가 적지 않다. 그러면 어쩔 수 없이 "죽은 뒤에 보자"라고 다짐하며 기다리는 수밖에 없다. 그러한 작가는 고독을 피할 수 없는데, 그 고독이 작품의 선구성 때문인지 현실감 없는 본인의 과대망상 때문인지를 확인할 필요가 있다.

전문기관의
── 평가 방법

취향과 수준의 문제를 분리하지 못하는 사람들은 대개 예술의 규범이나 객관적인 평가의 잣대가 있다고 생각하지 않는다. 그들에게 전문가들의 평가는 하나의 주관적인 관점일 뿐이고, 그들에 의해 주도되는 미술계는 그들만의 리그일 뿐이다.

　이러한 생각을 전적으로 잘못되었다고 할 수는 없다. 왜냐하면 사실 전문가들의 평가도 관점에 따라 어느 정도 주관성이 개입될 수밖에 없기 때문이다. 또 과거 미술의 역사를 보면 새로운 사조나 대가들의 파격적인 작품이 나올 때 전문가들도 알아보지 못한 경우가 종종 있었다. 그러나 그것은 작품이 전문가들도 자신들의 코드로 읽어낼 수 없을 정도로 작품이 획기적이고 새로울 때 해당되는 이야기다.

전문가들도 알아보지 못한 작가가 성공할 확률은 아마추어 축구 선수가 프로에서 검증받지 않고 곧바로 프리미어리그에 입단하기만큼이나 어려운 일이다. 물론 재능 있는 선수를 발굴하는 스카우트의 안목도 주관적이고 잘못될 수가 있다. 그러나 그들은 경기장 안팎에서 선수의 기술과 신체적 능력, 전술적 지식, 정신력과 태도에 이르기까지 그 종목에 필요한 능력을 종합적으로 면밀하게 분석하고 수치화한다. 그것도 기준에 따라 주관성을 피할 수는 없지만 그런 노력과 노하우가 없는 일반인보다는 정확하게 볼 수 있는 것이다.

예술은 스포츠보다 주관적이지만, 나름의 기준을 가지고 작가들을 평가하는 전문가 그룹이 있다. 따라서 작품의 수준을 평가할 수 있는 자신의 기준이 생기기 전에는 이러한 전문가들의 안목을 활용할 필요가 있다.

전문가는 작품성에 주목하고,
일반인은 오락성에 주목한다.

예술에서 대중과 비교적 밀접한 장르인 영화 분야는 '로튼 토마토'나 '메타 크리틱' 같은 영화 리뷰 사이트를 통해 전문가들의 평가를 알 수 있다. '로튼 토마토'는 관객들이 연기력이 나쁜 배우에게 토마토를 던지는 행위에서 착안하여 전문가와 일반 유저의 리뷰를 신선함과 썩음Rotten으로 구분하고 그 퍼센티지로 점수를 매긴다. 이곳의 평가단은 영화 전문 기자나 평론가, 그리고 심사 과정을 거쳐 선정한 평가단으로 이루어진 올 크리틱과 보다 전문적인 평론가들로 이루어진 탑 크리틱으로 나누어져 있다.

리뷰에 참여한 평론가의 수가 많을수록 신뢰도가 올라가는데, 대체로 전문적인 탑 크리틱의 리뷰는 작품성이 높은 영화를 좋게 평가하고, 일반 유저들은 오락성을 선호하는 경향이 있다. 이처럼 평가단을 분리해서 집계하는 것은 영화의 작품성과 대중성을 구별하기 위해서다.

영화처럼 일반적이지는 않지만 미술 분야에도 이와 유사한 평가기관이 있다. 미술에서는 경매를 중심으로 미술 시장을 분석하는 기관과 순수하게 작품성을 중시하여 평가하는 기관으로 나뉜다. 미술 시장을 분석해 주는 대표적인 회사로는 프랑스의 아트프라이스닷컴과 독일의 아트넷이 있다. 아트프라이스는 72개국 2,900개의 옥션사를 대상으로 경매 결과를 현대미술 시장의 가격지표와 연례 보고서로 발표한다. 아트넷 역시 옥션 결과를 분석하여 소장 가치가 있는 생존작가 리스트와 미술 시장 현황을 분석해 주고 있다. 이들의 분석 자료는 주로 갤러리스트나 아트딜러, 그리고 컬렉터들이 작가의 시장성과 환금성을 파악하는 지표로 활용된다.

이 지표를 보면 지금 국제적으로 잘 팔리는 작가가 누구인지를 확인할 수 있다. 그러나 경매의 주체는 어디까지나 작품을 사는 컬렉터이다. 그들도 작가들에 관한 연구를 많이 하지만 환금성을 의식하지 않을 수 없고 전문성이 약하기에 이것을 작품성과 일치한다고 볼 수 없다. 잘 팔리는 작가와 좋은 작가가 일치하지 않을 수 있다는 것이다.

**작품성의 평가는 경매 성적보다
메이저 갤러리 전속 계약이나
미술관 전시가 중요하다.**

작품성을 중시하는 '아트팩츠넷'와 '쿤스트콤파스'에서는 미술 시장과 무관하게 국제무대에서 활동 성적을 토대로 작가들을 평가한다. 이러한 기준은 경매시장보다 수준 높은 미술관의 전문성을 신뢰하기 때문이다. 미술관은 갤러리와 달리 작품의 판매가 이루어지지 않기에 판매를 의식하지 않고 작품성을 기준으로 좋은 작가를 선별하여 전시회를 열고 또 작품성에 근거하여 구매할 수 있다.

2004년에 출범한 독일의 미술정보 사이트 '아트팩츠넷ArtFacts.Net'은 지난 5년간 했던 전시회의 수준과 횟수를 기준으로 매년 작가들의 순위를 조사하여 발표한다. 이들이 개발한 점수 집계 알고리즘은 먼저 작가와 갤러리 간의 장기적 계약 관계를 조사한다. 이것은 국제적으로 인정받은 메이저 갤러리들의 전문성을 신뢰한다는 것이다. 특히 이곳에서는 국제적인 활동을 중시하여 3개 이상의 나라에서의 컬렉션이 이루어졌나를 살핀다.

그리고 전시회의 수준을 고려하여 점수를 섬세하게 나누고 있다. 먼저 세계 499개 도시를 대상으로 가장 점수가 낮은 곳은 1점, 가장 높은 곳은 225.17점을 책정해 놓았다. 그리고 좋은 컬렉션과 유명한 작가들을 선보이는 기관들의 점수를 높게 책정하고 활동성과 인지도가 높은 작가들과 함께 참여한 전시일수록 점수를 높게 책정한다. 그래서 사립 갤러리보다는 공공미술관에서 전시회를 했을 때 점수가 더 높고, 이보다는 카셀도쿠멘타나 베네치아비엔날레 등의 국제 행사의 점수는 더 높다. 그러나 옥션 프리뷰 같은 곳에서 한 전시회는 점수를 매기지 않는다.

이러한 기준으로 매겨진 순위를 보면 매년 약간의 변동이 있지만, 주로 워홀과 피카소가 맨 앞자리를 차지하고 리히터가 그 뒤를 따른다. 한국 작가는 백남준이 유일하게 30위권을 넘나들고, 300위권 안에 양혜규, 김수자, 이우환이 있다. 그리고 1000위권까지 넓히면 이불, 서도호가 추가된다.

권위 있는 기관일수록
평가 기준이 섬세하다.

독일의 경제 전문지 《캐피탈》에서 1970년에 시작한 '쿤스트콤파스'는 매년 11월호에 선별된 작가 100명의 랭킹을 발표한다. 1987년부터는 작고 작가의 순위를 정하는 '올림프Olymp'와 해당 연도에 가장 높은 점수를 받은 100인을 '내일의 별'이라는 이름으로 발표하고 있다. 권위 있는 기관일수록 평가 기준이 섬세해진다.

독일의 경제 저널리스트 빌리 본가르드Willi Bongard가

만든 이곳의 알고리즘도 경매의 유통 실적을 무시하고 세계적으로 권위 있는 미술관과 전문 매체의 노출 빈도를 중시한다. 이는 국제적으로 주목할 만한 이슈를 제공하고 있는 작가에 더 높은 점수를 주기 위함이다. 그래서 회화와 조각뿐 아니라 사진, 퍼포먼스, 멀티미디어, 설치 등 다양한 장르에서 실험적인 작가들의 점수가 높다. 이곳의 점수 산출 근거는 대략 다음과 같다.

① 세계 300여 곳의 주요 미술관을 선정하여 수준에 따라 3등급으로 분류(런던의 테이트모던, 뉴욕 구겐하임미술관, 메트로폴리탄미술관, 파리의 퐁피두센터, 베를린 국립미술관, 암스테르담 스테델릭미술관 등은 800점, 기타 주요미술관 650점 등으로 배정)

② 카셀도쿠멘타, 뮌스터조각프로젝트, 베네치아비엔날레, 휘트니비엔날레 등 100여개의 주요 국제 미술 행사 참여도

③ 세계 300여 곳의 주요 미술관에 작품 소장

④ 국제적인 미술상 수상

⑤ 세계 주요 미술잡지의 리뷰나 작가론: 《아트인아메리카》(미국), 《플래시 아트》(이탈리아), 《쿤스트포름》(독일), 《아트》(독일), 《파게트》(스위스) 등

⑥ 공공장소에 작품 설치

위와 같은 쿤스트콤파스의 점수 기준은 전문가 그룹의 전문성을 다양하게 반영하기 위함이다. 이곳 기준으로는 생존작가 중에서는 게르하르트 리히터가 줄곧 1위를 지키고 있고, 브루스 나우먼과 바젤리츠 등이 그 뒤를 따르고 있다. 한국 작가로는 양혜규가 유일하게 90위권이다. 작고 작가는 요제프 보이스가 1위이고 한국 작가는 백남준이 15위권이다.

이러한 정량적 평가는 중요도를 정해놓은 점수에 의해서 평가가 이루어지기 때문에 어느 정도 공정한 기준이 되고 있다. 그러나 질적인 평가가 아니라 사회적 명성과 인맥이 중요한 평가 기준이 될 수밖에 없다는 점에서 분명한 한계를 갖고 있다. 국제적인 활동이 없어도 묻혀 있는 좋은 작가들이 있을 수 있기 때문이다. 그런데도 정량적 평가가 차선책이 되어야 하는 이유는 이러한 방식으로도 평가가 이루어지지 않으면 더 큰 혼란을 가져오기 때문이다.

객관적
비평의 ———
중요성

한국에서 1970년 전후는 프로레슬링이 스포츠 중에서 가장 인기가 있었다. 당시 국민 영웅이었던 김일 선수가 나오는 프로레슬링을 하는 날이면 온 동네 사람들이 텔레비전이 있는 집에 모여 함께 시청했다. 자리가 없어서 쫓겨난 아이들은 논두렁에 있었던 안테나를 흔들며 불만을 표했던 기억이 있다. 가난했던 시절, 김일 선수가 통쾌한 박치기로 역전시키는 모습을 보면서 사람들은 가난과 맞서 싸우는 용기를 얻곤 했다.

그처럼 인기를 누리던 국민 스포츠가 사양길을 걷게 된 건 한 선수가 언론에 "프로레슬링은 쇼다"라는 내용을 폭로하면서부터다. 당시 사람들은 스포츠에 각본이 있을 거란 생각을 전혀 못 했기에 큰 배신감을 느꼈고, 흥미가 급감하기 시작했다. 만약 지금 우리가 즐기고 있는 축구나 야구 같은 종목이 승부조작에 의해 결정된다면 우리는 지금처럼 흥미를 느끼지 못할 것이다. 우리가 먹고사는 일과 무관한 스포츠 게임에 열광하는 이유 중 하나는 부조리한 사회와 달리 규칙 안에서 능력을 객관적으로 평가받기 때문이다.

객관적인 법이 없으면
온갖 부조리가 성행한다.

예술의 세계도 객관적 비평이 무너지면 온갖 부조리가 난무하게 된다. 가령 대학에서 교수들의 평가에 객관성이 없으면 학생들은 실력보다 교수의 주관적인 취향이나 부당한 요구에 따라서 평가될 것이다. 또 미술관이나 갤러리에서 전시회를 기획하는 큐레이터가 객관적 기준 없이 인맥과 주관적 취향에만 의존한다면 좋은 작가들이 묻히게 될 것이다. 그뿐만 아니라 작품을 구매하는 컬렉터가 작품성을 보는 기준 없이 취향에만 의존하여 구매하면 작가들을 타락하게 만들 것이다.

이러한 예술계의 고질적인 부조리를 바로잡을 비평가들마저 객관적 기준 없이 인맥에 의해서 평가를 한다면 순수해야 할 예술계는 가장 부패한 곳이 될 것이다. 이것이 오늘날 예술의 주관성을 명분으로 자행되고 있는 예술계의 승부조작이다. 따라서 예술 문화의 수준이 높아지기 위해서는 무엇보다 작품을 평가하는 객관적인 기준이 있어야 한다. 스포츠처럼 이러한 기준이 보편화된다면 각종 부조리가 사라지고 좋은 작가들을 배출할 수 있는 풍토가 마련될 것이다.

진정한 자유는 법을 깨는 게 아니라 자신의 법을 구현하는 것이다.

자연계든 인간계든 법이 무너지면 아수라장이 되고 존재 자체가 사라지게 되어 있다. 로크가 말했듯이, "법이 없으면 자유도 없다". 진정한 자유는 법을 깨는 게 아니라 자신의 법을 구현하는 것이다. 우리가 자유롭게 산다는 건 아무렇게나 무질서하게 사는 게 아니라 남에게 지배되지 않고 자신의 법대로 사는 것이다.

그렇다면 예술의 법은 무엇일까? 예술을 이해하고 게

임처럼 즐기려면 우선 예술의 법을 알아야 하지만, 그것은 그렇게 간단하지 않다. 따라서 우리는 선입견으로 알고 있는 잘못된 법을 지키려고 노력할 것이 아니라 예술의 법을 제대로 이해하려는 노력이 필요하다.

법이라는 말은 원래 산스크리트어로 '다르마dharma'를 번역한 말로 심오한 의미를 지니고 있다. 석가모니는 "이 세상이 그렇게 되게끔 되어 있는 것이 법이다"라고 말했다. 불교에서 만물은 어떤 실체가 있는 게 아니라 인연들이 모여 생긴 것이기에 "만법은 공하다"라고 말한다. 법이 '공空'하다는 말은 법이 없다는 말이 아니라 연기緣氣 작용 속에 지속적으로 변하는 것이어서 고정된 실체가 없다는 말이다. 그래서 이러한 법의 속성을 깨달아야 집착에서 벗어날 수 있다고 말한다.

예술의 타락은 법이
아카데미즘으로 공식화할 때 일어난다.

예술의 법 역시 어떤 고정된 규범이 있는 게 아니라 무법으로 무한한 창조물을 만들어내는 것이다. 그런데 예술이 아카데미즘이라는 법으로 공식화되면 그때부터 예술은 기교로 대체되어 타락이 이루어진다.

과거 서양의 고전주의자들은 황금비에 의한 조화와 질서를 예술의 법으로 생각했다. 그리고 그것이 아카데미즘으로 정착되면서 예술의 타락은 시작되었다. 현대미술은 아카데미즘으로 굳어진 고전주의에 대한 반발로 시작되었다. 그런데 모더니즘의 형식주의에 오면 작품의 내용 없이 순수한 조형 요소들의 이상적인 조화가 예술의 법이라고 주장함으로써 다시 아카데미즘을 정착시켰다.

그러나 형식에 의해서 예술의 자율성을 주장하려는 형식주의자들의 시도는 오늘날 개념미술에 의해서 무참히 무너졌다. 현대미술에서 뒤샹의 성공은 예술의 법이 형식이 아니라는 것을 입증한 결과다. 그럼 뒤샹의 생각대로 아이디어나 개념 자체가 예술의 새로운 법이 될 수 있을까?

미국의 미학자 단토는 오늘날 컨템퍼러리아트는 예술의 본질이 철학임을 알게 됨으로써 미술의 역사가 종말을 고했다고 진단한다. 그가 말하는 종말이란 비관적인 게 아니라 예술이 비로소 자기 자신을 인식하고 제자리를 찾게 된 낙관적인 상황을 말한다. 그것은 헤겔의 역사철학을 예술에 적용한 것이지만, 나는 그러한 그의 생각에 전적으로 동의하지는 않는다.

그의 주장처럼 어떤 특정한 방향 없이 모든 것이 예술

이 되는 다원주의가 예술의 본질이라면, 작품을 평가하는 비평적 기준 역시 보편성을 획득하기 어렵다. 그가 생각하는 비평의 임무는 어떤 특정한 이념에 따른 비평이 아니라 각각 작품들이 추구하는 목표와 의미가 무엇이며 그 의미를 구현하는 방식에 대해 해명하는 것이다.

여기서 가치평가는 한 작품의 목표와 그것을 완성하기 위해 취한 양식의 적합성을 확인하는 정도이고 그것이 어떤 형태를 취하든지 가치는 중립적이다. 이러한 그의 다원주의 비평으로는 개념적인 동시대미술을 설명할 수는 있어도 작품의 객관적인 수준의 문제를 평가하기 어렵다.

예술의 법을 실현하는
유일한 증거는 '독창성'이다.

노자의 『도덕경』 5장에는 "천지 사이는 마치 풀무나 피리와 같아서 비어 있으나 멈추지 않고 움직여서 만물을 낳는다" 라는 말이 있다. 풀무나 피리는 속이 텅 비어 있으면서 바람을 일으키고 온갖 소리를 낸다는 뜻이다. 이것이 바로 자연의 '무법의 법'이고, 예술 역시 이러한 무법의 법을 따라야 한다.

예술이 자신의 '무법의 법'을 실현하는 유일한 증거는 창작물이 독창적이어야 한다는 것이다. 독창성은 예술작품이 수준의 문제를 논할 수 있는 유일한 법이다. 우리가 남의 작품을 따라 하는 것을 비난하고 표절을 범죄시하는 건 이미 독창성을 예술의 법으로 인식하고 있다는 증거다. 예술은 독창적일수록 점수가 올라가고, 그렇지 못하면 점수가 깎이는 게임이다. 예술의 세계에서 비슷한 건 가짜다. 좋은 작품은 일단 어디서 본 듯하지 않고 새롭고 신선해야 한다.

다빈치의 〈모나리자〉가 걸작인 이유는 재현을 잘해서가 아니라 과거 중세시대의 도상학적인 작품과 다른 독창성이 있기 때문이다. 피카소의 〈아비뇽의 처녀들〉이 미술사의 중요한 작품이 된 것도 비록 추해 보여도 과거 원근법에 의존한 고전주의 작품과 다른 독창성이 있기 때문이다.

또 뒤샹의 변기가 중요한 이유도 그의 독창성 때문이다. 물론 변기 자체는 전혀 독창적인 창작물이 아니지만 작가의 손을 통한 제작을 중시한 미술의 역사에서 '레디메이드'는 매우 독창적인 양식이다. 이처럼 작품의 독창성을 판단하려면 예술 내부의 역사를 통해 검증해야 한다.

그래서 작품을 객관적으로 평가하기 위해서는 과거 작품들에 대한 역사적인 지식과 이해가 선행되어야 한다. 우리가 작품을 이해할 때 아무것도 모르는 상태에서 완전한 이해에 도달하는 것은 불가능하다. 독일의 철학자 가다머가 말했듯이, 현재는 결국 과거가 축적된 것이기에 이해 역시 역사적일 수밖에 없고, 축적된 과거를 한 지평 위에 올려놓고 해석해야 한다.

전문가는 풍부한 역사적 이해를 토대로 과거와의 관계를 통해서 독창성의 여부를 판단해야 한다. 비전문가는 오직 자신의 선입견으로 판단하지만, 전문가는 역사적 이해를 토대로 과거 작품들과의 관계와 차이를 함께 본다. 그래야 과거와 다른 차이를 찾아내어 그 독창성의 여부와 작품의 참다운 가치를 논할 수 있기 때문이다.

걸작의 조건:
─────── 독창성의 3요소

예술작품의 작품성을 결정하는 절대적인 조건은 일단 고루하지 않고 독창적이어야 한다는 것이다. 그렇다면 예술작품이 독창성을 갖추려면 어떤 조건들이 필요할까? 또 예술의 독창성이 인간에게 어떤 유익을 줄 수 있을까? 모든 독창성이 다 의미를 갖는 것은 아니다. 예술이 인간을 위한 문화라면 인간에게 어떤 식으로든 유익을 주어야 한다. 만약 핵무기처럼 인간을 위협하는 창조라면 예술의 윤리에 어긋나는 것이다.

따라서 예술의 독창성이 의미 있는 결과를 낳으려면 세 가지 조건이 삼위일체를 이루어야 한다. 첫째는 개성이고, 둘째는 시대성이고, 셋째는 지역성이다. 개성은 다른 작가와의 차별화를 가능하게 하고, 시대성은 과거와의 차별화를 가능하게 하고, 지역성은 다른 민족과의 차별화를 가능하게 하여 독창성을 성취할 수 있는 것이다. 이것은 식물의 종자가 자기 열매를 맺는 것처럼 자연스러운 일이다.

개성이 식물의 종자라면, 시대성은 변화하는 기후, 지역성은 토양과 환경에 비유할 수 있다. 하나의 종자가 자신이 자란 토양에서 양분을 잘 흡수하여 변하는 기후에 잘 적응하면 독창적인 열매를 맺게 되는 것이다. 또 개성이 유전적 조건이고, 시대성이 시간적 조건이라면, 지역성은 공간적 조건이다.

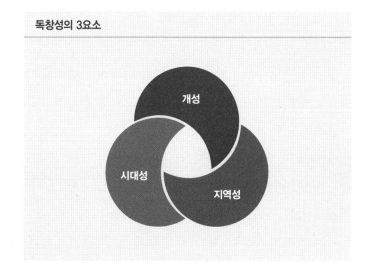

독창성의 3요소

개성은 다른 작가와의
차별화를 가능하게 해준다.

독창성을 위한 유전적 조건으로서 개성은 타고난 선천적 본성과 삶 속에서 형성된 후천적 기질이 융합되어 있다. 그래서 우리의 마음은 선천적인 나의 욕망과 후천적인 남의 욕망이 항상 충돌하며 갈등하고 있다. 사회화 과정에서 우리는 어쩔 수 없이 남의 욕망이 비중이 커지게 되는데, 그러면 라캉이 말했듯이 타자의 욕망을 욕망하게 된다. 이러한 현실에서 예술의 주요 임무 중 하나는 사회화 과정에서 잃어버린 자기 개성을 회복하는 일이다.

각자가 지니고 있는 선천적인 개성은 자기 동일성을 유지하게 하는 조건이 된다. 개나리가 계절에 따라 변해도 진달래로 바뀌지 않듯이, 개성은 나를 나답게 개나리를 개나리답게 해주는 자신의 정체성이다. 그럴 때 '천상천하 유아독존'으로서 자신의 고유한 가치를 발견하고 자아실현을 이룰 수 있다.

사실 자연에는 완전히 동일한 건 없다. 있다면 그것은 기계로 만든 것이고, 기계로 만든 물건에는 개성에서 나오는 아우라가 없다. 우리가 어떤 관습이나 이데올로기에 따라 기계적으로 행동하면 개성이 사라지게 되는 건 이 때문이다. 따라서 경직된 관습과 사회적 이데올로기에 저항하고 자기 내면의 소리에 귀 기울여야 작품에서 개성적인 아우라가 풍겨 나오게 된다.

우리가 예술작품을 보고 개성의 여부를 확인하려면 먼저 그 작품을 만든 작가를 이해해야 한다. 작품은 작가가 낳은 자식과 같기에 외형의 닮음이 아니더라도, 부모와 자식의 관계처럼 어떤 일치되는 유전자가 있다. 그래서 모든 작품은 작가의 자화상이라는 말이 성립한다. 따라서 좋은 작품은 그것을 제작한 작가를 어떤 식으로든 닮아 있어야 한다. 우리가 작품을 평가할 때 작가를 충분히 이해해야 하는 이유는 그래야 개성과 양식의 일치성을 확인할 수 있기 때문이다.

시대성은 과거와의
차별화를 가능하게 해준다.

독창성을 위한 시간적 조건으로서 시대성은 과거 작품들과의 차별화를 가능하게 해준다. 우리가 작품을 볼 때 과거의 화풍이 연상된다면 작품에 시대성이 반영되지 않았기 때문이다. 21세기 작품은 20세기 작품들과 무언가 달라야 한다.

대가들의 공통점은 이전 시기의 작품들과의 차이를 분명하게 느끼게 해준다는 것이다. 시대성의 문제가 해결되지 않으면 아무리 질적으로 완성도가 뛰어나도 어디서 본 듯하고 신선해 보이지 않는다.

계절에 따라 자연의 풍광이 다르듯이, 시대가 바뀌면 문제가 바뀌고, 문제가 바뀌면 필요가 바뀌고, 필요가 바뀌면 문화가 바뀌어야 한다. 에어컨은 여름에 없어서는 안 될 귀한 물건이지만, 추운 겨울에는 거추장스러운 물건일 뿐이다. 그것은 질의 문제가 아니라 필요의 문제다. 새로운 게 좋은 게 아니라 필요한 게 좋은 것이다. 과거에는 "10년이면 강산이 변한다"라는 말이 있었는데 요즘은 1년만 지나도 사회가 눈에 띄게 변해 있다. 봄이 되었는데 꽃을 피우지 못하면 죽은 나무이듯, 사람도 시대가 변했는데도 변하지 못하면 도태되는 것이다.

가장 먼저 피는 꽃이 환영받고, 가장 먼저 내리는 첫눈이 환영받듯이, 시대적 변화를 가장 먼저 반영하는 작가의 작품이 역사에 살아남는다. 주식 투자자들이 성장 가능성이 큰 기업을 찾듯이, 부동산 고수들이 앞으로 오르게 될 땅을 찾아내듯이, 그런 작가를 알아보는 건 예술에서도 매우 중요한 안목이다. 현재의 가치를 판단하는 건 남을 따라 하면 되지만, 미래의 가치 판단은 시대정신의 흐름을 통찰하지 못하면 불가능하다.

    고대 중앙아시아 유목민들은 샤먼들이 천문학적 현상
이나 천체의 위치를 관찰하고 미래를 예측하여 종족의 운명
을 책임졌다. 그들의 잘못된 선택은 자칫 종족의 위기로 이
어질 수 있었다. 그처럼 예술도 시대성을 간파하는 능력이
중요하고 시대성과의 관련 속에서 작품을 평가해야 한다.

지역성은 다른 민족과의
차별화를 가능하게 해준다.

독창성을 위한 공간적 조건으로서 지역성은 토양과 환경의
차이가 만들어내는 문화적 특수성으로 다른 민족과의 차별
화를 가능하게 한다. 요즘은 인터넷과 통신기술의 발달로
지구촌이 하나로 연결되어 문화를 공유한다. 그래서 시대적
보편성을 선점한 문화가 주도권을 잡고 다른 민족은 그것
을 따라가는 양상이 되고 있다. 그러면 과거와의 차별화는
가능하지만, 선진 문화에 동화되어 지역적 특성이 사라지게
된다. 이것이 문화의 시대 새로운 식민화의 양상이다.

    이러한 문화적 식민화에 저항하고 문화의 고유성을 지
키기 위해서는 자민족의 미의식을 극대화한 문화물로 경쟁

해야 한다. 이것은 문화의 시대 생존방식이다. 나와 민족은 같은 종자이기에 민족 문화의 정체성을 독창성의 요소로 활용하는 것은 세계화 시대에 매우 유용한 전략이다. 그래서 독일의 문예 비평가인 헤르더는 "일반적으로 가장 위대한 작가는 동시에 가장 민족적인 작가였다"라고 말했다.

독일의 대문호 괴테는 "가장 민족적인 것이 가장 세계적이다"라고 말했는데, 이 말은 민족주의적인 자부심을 고취하거나 문화의 다양성을 존중해야 한다는 의미가 아니다. 이 말의 정확한 의미는 문화는 차이가 가치를 결정하기에 민족 문화의 정체성을 적극적으로 활용해야 세계 무대에서 경쟁력을 가질 수 있다는 것이다.

한국 작가로서 세계적인 성공을 거둔 백남준도 지역성의 활용 없이는 국제무대에서 생존할 수 없다는 걸 누구보다도 잘 이해했다. 그래서 그는 "우리나라가 국제적으로 팔아먹을 수 있는 예술은 음악, 춤, 무당 등 시간 예술뿐이다. 이것을 캐는 게 인류에 공헌하는 것이다"라며 몽골리안의 유목적이고 샤먼적 특성을 전략적으로 활용했다.

독창성의 3요소는
평가의 객관적 기준이 될 수 있다.

지금까지 살핀 독창성의 3요소로서 개성, 시대성, 지역성은 우리가 작품을 평가할 때 객관적인 기준이 될 수 있다. 이것은 다음의 세 가지 질문으로 요약할 수 있으며, 이 세 가지 조건의 충족 정도에 따라 작품성을 수치화할 수 있다.

1. 다른 작가와 차이 나는 고유한 개성이 느껴지는가?
2. 과거와 다른 시대성이 느껴지고 공감되는가?
3. 다른 민족과 다른 지역성이 느껴지고 공감되는가?

우리가 건강 여부를 진단할 때 내과, 외과, 정신과를 따로 찾듯이, 작품성을 분석적으로 파악하는 건 매우 중요하다. 그래야 그 작가의 장단점을 정확하게 진단하고, 어느 부분을 어떻게 보완하여야 하는지를 파악할 수 있기 때문이다. 그렇지 않고 막연하게 '좋다' 혹은 '나쁘다'라는 식으로 판단하면 문제의 진단이 정확하지 않고 전문성이 생기지 않는다.

좋은 작가는 이 세 요소의 균형이 잘 맞으면서 점수가 높아야 한다. 그 정도를 나름대로 수치화하여 작가별로 점수를 매겨보는 것도 도움이 된다. 평가항목의 점수 비중은 자신이 중시하는 것에 따라서 조정이 가능하다. 가령 100점 만점을 기준으로 한다면, 개성(30), 시대성(40), 지역성(30)으로 할 수도 있고, 개성(30). 시대성(35), 지역성(35) 등으로 배정하는 방법도 있다.

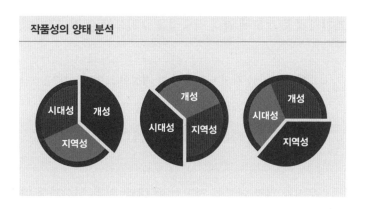

이런 식으로 작품을 보게 되면, 작품을 평가하기 위해 어떤 공부가 필요한지를 알게 되고 비교적 객관적으로 작품을 보는 안목이 생긴다. 그래서 이미 미술사적으로 검증된 작가들의 점수가 높게 나올 때 자신의 평가 기준을 어느 정도 신뢰할 수 있는 것이다.

작가별 평가항목과 배점표

작가명	평가항목	점수	특징
	개성 (30)		
	시대성 (40)		
	지역성 (30)		

3장

대가의 조건

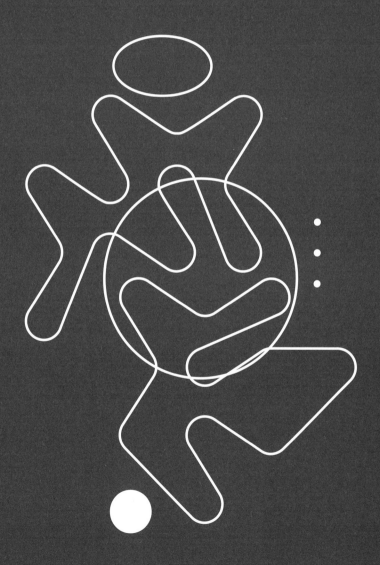

아마추어와
프로의 — 차이

운동을 취미로 하는 사람들은 큰 부담 없이 즐겁게 할 수 있지만, 막상 프로선수가 되면 남과의 경쟁에 뛰어들어야 하기에 그리 즐겁지만은 않다. 미술도 문화센터 같은 데서 이루어지는 취미생들을 위한 교육은 예술을 부담 없이 즐길 수 있도록 칭찬하고 격려하는 것으로도 충분할 수 있다. 그러나 프로 작가가 되기 위해서는 그것만으로 부족하다.

아마추어와 프로는 단지 전공의 여부나 작업에 투자하는 시간으로 결정되지 않는다. 마르셀 뒤샹은 평생 남긴 작품이라곤 기성품을 이용한 허접해 보이는 몇 점뿐이다. 그는 프랑스 체스 국가대표 선수로 활동할 정도로 딴짓을 많이 했지만, 오늘날 미술계에서는 그를 현대미술의 아버지로 추앙하고 있다. 또 미술사에 살아남은 대가 중에서 미술을 전공하지 않은 작가도 수두룩하다. 반대로 뛰어난 기술을 가지고 평생 작업에 전념하는 장인들을 모두 프로 작가라고 보기도 어렵다. 그렇다면 아마추어 작가와 프로 작가를 나누는 결정적 차이는 무엇일까?

아마추어는 규칙을 따르고
프로는 규칙을 정의한다.

프로 작가가 되기 위해서는 무엇보다도 예술 게임의 규칙을 이해해야 한다. 그래야 자신의 약점을 보완하고 경쟁에서 살아남을 능력과 조건을 갖출 수 있기 때문이다. 스포츠처럼 예술도 규칙을 알 때 즐길 수 있고 평가할 수도 있다. 다른 작가의 작품을 객관적으로 평가하지 못한다면 결코 프로의 길을 갈 수 없다. 예술의 규칙은 다소 주관적인 면이 있지만, 다른 분야와 마찬가지로 규칙 없이는 존재할 수가 없다.

예술의 규칙은 스포츠처럼 단순하지 않기 때문에 규칙을 이해하고자 하는 노력이 요구된다. 그래서 "예술이란 무엇인가"라는 자신의 철학적 관점이 필요하다. 따라서 프로 작가가 되기 위해서 무엇보다 중요한 건 예술의 본질에 대한 철학적 사유가 있어야 한다. 아마추어들은 선배들이 만들어놓은 정해진 규칙을 따르는 것으로 충분할 수 있지만, 그래서는 독창적인 자기 양식이 나오기 어렵다.

프로 작가라면 적어도 예술의 본질에 관한 철학적 관점을 통해서 스스로 규칙을 정의해야 한다. 뒤샹이 작업량이 적어도 영향력 있는 대가가 될 수 있었던 것은 예술의 본질에 관한 자기 정의를 통해서 전통적 관습에 문제를 제기했기 때문이다.

아마추어는 삶을 위해 작업하고
프로는 작업을 위해 산다.

예술의 목적과 관련해서 볼 때 아마추어와 프로는 큰 차이가 있다. 아마추어에게 작업은 생활 속에서 생긴 스트레스를 풀고 삶의 활력을 얻기 위한 보조 수단에 불과하다. 그러나 프로 작가에게 작업은 그 자체가 목적이 되고, 그 외의 삶의 모든 건 작업을 위한 수단이 되어야 한다. 프로 권투선수가 링에 오르는 순간을 위해 식단과 몸을 철저하게 관리하듯이, 프로 작가는 모든 삶의 행위가 작업을 위해서 이루어져야 한다.

　일을 해도 작업을 위해 하고, 작업을 위해 몸을 관리하고, 쉬는 것도 작업을 위해서 쉬어야 한다. 그러면 무슨 일을 하든지 간에 그의 머릿속은 온통 작업에 관한 생각으로 꽉 차 있게 된다. 그럴 때 삶과 예술의 경계가 사라지고, 자연스럽게 삶이 작업으로 녹아들 수 있다.

　아마추어는 삶을 위해 작업한다면, 프로는 작업을 위해 살아야 한다. 삶과 예술이 분리되어 작업실에서만 작업하는 작가는 진정한 프로라고 할 수 없다. 작업은 작업실에만 이루어지는 게 아니다. 작업의 내용을 이루는 주제와 소재는 삶에서 만들어지기 때문이다. 일상에서 화두처럼 항상 작업의 주제를 가지고 생활하다 보면 사유가 깊어지면서 작품에 대한 소재의 착상이 이루어진다. 작가에게 삶은 물고기를 잡는 어부에게 바다처럼 작품의 소재를 길어 올리는 곳이어야 한다.

아마추어는 잘하기 위해 작업하고 프로는 독창성을 위해 작업한다.

작업의 성취도나 평가와 관련해서 아마추어는 대개 무언가를 막연하게 잘하려고 노력하지만, 프로는 잘한다는 것이 무엇인지를 질문한다. 작품을 아무리 잘 그려도 남의 것과 유사하면 범죄시하는 것이 예술의 규칙이다. 프로 작가에게 전시회는 잘하고 못하고를 평가하는 자리가 아니라 작품의 독창성을 심사받는 자리다. 그것은 일종의 특허출원과 비슷하다.

산업 분야에서 새로운 물건을 만들어 특허를 출원할 때는 일반적으로 '활용성'과 '신규성'과 '진보성'을 본다. '활용성'은 해당 발명품이 산업 분야에서 실제로 활용될 수 있는지를 살피는 일이다. 아무리 새로운 발명품이라도 활용 가능성이 없다면 발명할 필요가 없기 때문이다. '신규성'은 발명하고자 하는 물건이 이전에 국내나 국외에서 이미 공지되어 공표된 적이 있는가를 살핀다. 그래서 이미 나온 것과 유사하여 중복되면 심사에서 제외된다. 그리고 '진보성'은 발명하고자 하는 것이, 이미 공개된 기술보다 발전된 것인지를 입증할 수 있어야 한다. 기존의 것과 차이가 있어도 기능적으로 진보된 것이 아니라면 새로움의 의미가 없기 때문이다.

예술작품도 독창성을 인정받기 위해서는 대체로 이러한 기준에 부합해야 한다. 작품에서의 활용성은 단순히 장식성을 의미하는 게 아니고, 시대정신에 부합하는 정신적인 필요를 포함한다. 신규성은 새로워야 한다는 점에서 산업 분야와 다르지 않다. 그리고 작품에서의 진보성은 시대정신과의 관련 속에서 기존 양식보다 더 효율적인 조형언어라는 걸 입증하는 것이다.

작가로서 전시회를 연다는 건 프로 작가의 길을 가겠다는 선언이며 당연히 작가로서 책임이 뒤따른다. 특히 개인전은 막연하게 자신의 능력을 과시하는 자리가 아니라 자기 작품의 독창성을 공개적으로 인정받는 자리다. 그렇다면 특허의 조건처럼 자신의 작품에서 어느 점이 새로운 것이고, 그것이 어떤 의미와 가치를 가지는지 말할 수 있어야 한다.

예술가의
─── 역사의식

작가들이 흔히 잘못 생각하고 있는 것 중 하나는 예술의 독
창성이 자기 안에서 나온다는 믿음이다. 그래서 남의 작품
이나 미술사에 관심이 없고 오직 자기 자신에만 관심이 있
는 경우가 많다. 어떤 작가는 다른 작가의 영향에서 자유롭
기 위해서 일부러 다른 작가의 작품을 보지 않으려 한다. 그
러나 그렇게 해서 나온 작품들이 오히려 독창적이지 못한
경우가 많다. 자신도 모르게 이미 보고 배워온 다른 작가의
양식이 무의식에 자리 잡고 있기 때문이다. 그러다 나중에
자신과 유사한 작가의 작품이 이미 존재한다는 사실을 알
게 되면 크게 낙담하기도 한다.

　이것은 역사의식의 부재에서 오는 문제다. 내가 말하

는 역사의식이란 거창한 게 아니라 지나온 역사를 올바르게 인식하고 거기에서 현실의 문제를 해결할 수 있는 교훈을 얻는 것이다. 우리는 역사를 초월하여 존재할 수 없고 역사적 맥락에서 독립하여 존재할 수 없다. 우리는 필연적으로 역사의 울타리 안에서 존재할 수밖에 없고 그 안에서 느끼고 생각하는 것이다. 성공한 역사든 실패한 역사든 모든 역사에는 우리가 배울 교훈이 있고, 우리는 이러한 역사를 통해서 삶의 지혜를 얻을 수 있다.

창작은 초역사적인 것이 아니라 탈역사적인 행위다.

어느 분야든지 유구한 역사적 전통이 있고, 자기 분야의 역사를 살피는 것은 필수적인 일이다. 예술 역시 내가 처음 하는 게 아니라 오랜 역사를 이어오며 수많은 작가를 배출해왔다. 역사의식이 있는 작가는 그들의 성공과 실패의 사례에서 무언가 교훈과 지혜를 얻고 그것을 창작에 활용한다. 그러면 자신의 작품을 역사적 맥락에서 자리매김하려고 노력하게 된다. 이러한 역사적 맥락 없이 작품을 제작하면 과거의 작품과 중복될 확률이 높고 자신의 위치를 정확히 파악할 수 없다.

창작은 무에서 유를 창조하는 게 아니라 역사의 재해석을 통해서 나오는 것이다. 그것은 창작이 초역사적인 차원이 아니라 역사적 한계를 극복하고자 하는 탈역사적인 차원이라는 것을 의미한다. 가령 새로운 스마트폰을 만들고자 한다면 스마트폰의 역사를 알아야 그동안에 나온 스마트폰과 중복을 피할 수 있다. 그리고 과거에 나온 스마트폰의 문제를 정확하게 인식해야 새로 만들 스마트폰의 방향을 정확하게 잡을 수 있다.

예술작품도 과거의 역사를 충분히 습득하고 이전의 작품의 어떤 문제를 어떻게 개선하고자 하는지를 분명히 인식해야 한다. 그리고 그 차이가 어떤 의미와 가치를 가질 수 있는지를 밝혀야 한다.

역사의식에서 중요한 건 지식이 아니라 비평적 관점이다.

역사의식이 있는 작가는 현재가 과거와 분리될 수 없는 연속적인 흐름이라는 걸 인식하고, 그 흐름 속에서 자신의 위치를 파악하고자 한다. 작가는 역사를 초월해서도 안 되고 역사적 전통에 매몰되어서도 안 된다. 일단 역사 안으로 들어간 뒤에 거기에서 어떤 교훈을 얻고 전통에서 빠져나와야 한다. 역사의식이 잘못된 사람은 역사를 왜곡해서 이해하기 때문에 올바른 판단을 할 수 없다.

역사의식에서 중요한 건 지식의 유무가 아니라 역사를 바라보는 비평적 관점이다. 우리가 과거의 작품을 보고 저 작품은 어느 시대 누구의 작품이고, 어떤 내용을 담고 있는지를 아는 것은 그저 잡다한 지식일 뿐이다. 중요한 건 그 작품이 어떤 의미에서 가치가 있고 어떤 점이 문제인지를 간파하는 것이다. 이러한 비평적 관점이 없는 역사적 정보는 창작과 무관한 죽은 지식에 불과하다.

역사의식이 없는 자유는
종종 잘못된 길을 가게 한다.

사실 모든 작품에는 작가의 갈등과 선택이 담겨 있다. 우리가 한 작품을 이해한다는 건 그 작가의 선택이 어떠한 결과를 낳는지를 확인하는 것이다. 뜨거운 걸 경험하지 않은 어린아이는 망설임 없이 뜨거운 것을 만지려 한다. 이와 같이 역사의식이 없는 작가들은 실패의 경험이 없기에 창작에 아무 거리낌이 없지만, 그들의 자유는 종종 창작의 방향을 잃어버리고 잘못된 길을 가게 한다.

과거의 실패에서 교훈을 얻지 못하면 우리는 같은 실패를 반복할 수밖에 없다. 역사가 필요한 건 과거를 위해서가 아니라 현재의 문제를 해결하기 위해서다. 우리가 시비를 가리고 진실과 거짓을 판단할 수 있는 비판적 능력은 역사의식을 통해서 길러지는 것이다. 역사적 교훈을 참조하여 내린 선택과 그러한 기준 없이 내린 선택은 차이가 있을 수밖에 없다.

예술가에게 역사의식은 예술의 역사를 이끌어온 대가들의 공과를 비판적으로 재해석하는 것이다. 그럴 때 미래를 사유하고 동시대 예술의 방향을 책임감 있게 제시할 수 있는 것이다. 그들의 선택은 매우 제한적으로 보이지만 역사적으로 의미 있는 행보가 될 수 있다.

당대의 평가와 역사의 평가는 일치하지 않는다.

갈림길에서 우리의 선택이 올바른 것인지 잘못된 것인지를 알려면 시간이 필요하다. 그 길들을 끝까지 가본 연후에야 막다른 낭떠러지인지 비단길인지를 알 수 있기 때문이다. 작가들의 선택과 비전도 그 성공 여부를 확인하기 위해서는 오랜 시간이 필요하다. 당대에 이루어지는 평가와 역사의 평가가 일치하지 않는 것은 그 때문이다. 역사의 평가는 대개 사후 100년 정도 지나 봐야 비로소 정확한 자리매김이 가능하다.

작가도 주식이나 부동산처럼 시간이 지날수록 가치가 높아지는 경우가 있고 시간이 지날수록 가치가 떨어지는 작가가 있다. 이 역사의 심판에서 살아남는 작가들은 대체로 당대의 인기에 연연하지 않고 역사의식이 투철했던 작가들이다. 그들은 예술의 본질을 당연시하지 않고 동시대 사람들의 편견을 문제시하며 기존 해석과 다른 무언가를 제시한다. 이러한 노력 없이 기교만으로 대가가 되기를 바라는 것은 아니 땐 굴뚝에 연기 나기를 바라는 것과 다름없다.

한 작가의 메시지가 개인적인 생각일 때와 역사적인 맥락에서 나올 때는 그 무게가 다를 수밖에 없다. 역사의식이 투철한 작가들의 작품에는 언제나 개인의 이야기를 뛰어넘는 역사적인 맥락과 비전이 있다. 그들의 작품은 비록 당대에 인정받지 못할지라도 시간이 지날수록 파급력과 영향력이 커지게 된다.

예술가의
──── 문제의식

우리는 누구나 어느 정도 건강의 문제를 안고 살아간다. 만약 우리가 완전히 건강하다면 의사나 병원이 필요 없을 것이다. 의사는 환자를 위해 존재하고, 좋은 의사는 문제를 일으키는 병의 원인을 정확하게 진단할 수 있어야 한다. 이것은 모든 분야가 마찬가지다. 전문가는 자기 분야의 문제를 정확하게 진단할 수 있는 사람이다. 암이 무서운 건 고통을 인식할 수 없을 정도로 은밀하게 진행되어 문제를 발견하기 어렵기 때문이다. 인간은 문제를 발견하면 어떻게든 그것을 해결하려고 노력하지만, 문제를 발견하지 못하면 해결도 어려워진다.

문제의식이란 개인이나 사회에서 발생하는 문제의 원

인을 정확하게 간파하고 이해하는 능력을 말한다. 이것은 개인의 성장과 더욱 건강한 사회로 나아가기 위한 필수적인 조건이다. 왜냐하면 문제의식이 높은 사람은 자신의 삶에서 발생하는 문제들을 예리하게 감지하고 적극적으로 해결하려고 노력하기 때문이다. 작가들 역시 양식이나 관습이 신선하지 못하고 부패하여 병리 현상을 일으키는 문제를 찾아내고자 하는 의지가 무엇보다도 필요하다.

진흙 속에서 연꽃이 피어나듯이
걸작은 삶의 문제에서 태어난다.

창조적인 작가들은 자기 분야의 문제를 창작의 불꽃을 태우기 위한 장작처럼 활용한다. 장작 없이 불을 지필 수 없듯 그들은 창작을 위해서 모든 문제를 적극적으로 활용한다. 흔히 전쟁 후의 혼란기에 좋은 작가가 많이 나오고, 비극적 삶을 산 작가들이 좋은 작품을 남기는 것은 이 때문이다. 진흙에서 아름다운 연꽃이 피어나듯이, 예술은 고통스러운 문제로부터 태어난다. 따라서 좋은 작가는 무엇보다도 명의처럼 예리하게 문제를 발견해 내는 전문적인 식견이 있어야 한다.

건강의 문제는 몸의 통증을 통해 감지한다면, 예술의 문제는 부자유를 통해서 감지할 수 있다. 우리는 부자유를 느끼는 강도만큼 자유를 갈망하게 된다. 창작이란 결국 부자유의 문제를 자유롭게 하는 것이다. 부자유에 대한 문제의식이 없는 자유는 절실함이 없고 공허하다. 영화 〈쇼생크 탈출〉에서 주인공이 억울하게 수감되어 수십 년간 교도소에서 온갖 고초를 당하다가 탈출했을 때 느끼는 자유와 우리가 느끼는 자유는 같을 수 없다. 우리의 소망과 바람은 정확히 문제의 크기에 비례한다.

이처럼 창작의 출발은 부자유에 대한 진단에서 비롯되기에 예술은 생존을 위해서 먹는 음식이 아니라 병을 고치기 위한 약이나 백신과 같은 성격이 강하다. 우리가 병이 없다면 약이나 백신이 필요 없듯이, 우리에게 정신적 부자유가 없다면 예술은 필요 없을지도 모른다. 문제없는 창작은 의미가 없고, 작품의 가치는 언제나 문제와의 관련 속에서 결정되기 때문이다.

키치는 아름답지 못한 작품이 아니라
문제없는 아름다움이다.

약이나 백신은 병의 원인균이나 바이러스의 변이에 따라 변해야 하듯, 예술 역시 문제에 맞게 변해야 한다. 예술이 시대마다 그 양식이 변하는 것은 문제가 변하기 때문이다. 이러한 변화를 따라가지 못하고 이미 만들어놓은 관습에 집착한다면 매너리즘에 빠져 도태될 수밖에 없다.

예술의 진짜 문제는 아름답지 못함이 아니라 문제없는 아름다움이다. 이것이 키치이고 이발소 그림이다. 우리가 이런 복제품을 저급하게 취급하는 이유는 충분히 아름답지 않아서가 아니라 문제가 없이 아름답기 때문이다. 그런 작품에는 작가의 절실하고 강렬한 바람이 들어 있지 않고, 오직 모방의 기교가 있을 뿐이다. 우리가 키치나 이발소 그림을 폄훼하는 근거는 예술의 중요한 가치가 기교가 아니라 어떤 문제를 해결하려는 작가의 창조적 의식에 있음을 인정하는 것이다.

문제의식이 없는 작가가 좋은 작품을 제작하는 것은 불가능하다. 시대를 초월한 절대적인 아름다움은 존재하지 않기 때문이다. 가을에 떨어지는 낙엽이 아름다운 건 색 자체가 아니라 햇빛이 부족해지는 문제를 인식하고 생존을 위해 자신이 할 수 있는 최선의 선택을 했기 때문이다. 또 봄에 매화가 아름다운 건 꽃의 모양이나 색채 자체가 아니라 혹독한 추위를 이겨내고 때를 기다려 자신의 의지를 발현하기 때문이다. 만약 매화가 사시사철 피어 있다면 우리는 아무런 감동도 느끼지 못하고 싫증을 내게 될 것이다.

이처럼 자연은 기후의 문제에 적응하기 위해 끊임없이 변한다. 변할 수 없는 건 죽은 것이다. 아우라는 시시각각 변하는 일회적인 생명의 광채다. 좋은 작품에서 아우라가 느껴지는 건 관습에 의존하지 않고 문제에 따른 창조적인 변화를 일구어내기 때문이다.

추한 것은 아름답지 않은 게 아니라 변하지 못하는 것이다.

고대 그리스 철학자 헤라클레이토스는 "우리는 같은 강물에 두 번 발을 담글 수 없다"라고 했다. 또 동양의 사상가 노자는 "언어로 개념화할 수 있는 건 도가 아니다"라고 말했다. 이 말은 진리는 자유로운 것이어서 어떤 고정된 형식으로 붙잡을 수 없다는 것이다. 예술도 미를 추구하지만 어떤 양식으로 고정할 수는 없다.

만약 서양의 고전주의자들이 생각한 것처럼, 황금비례로 아름다움을 포착할 수 있다면 예술은 아카데미즘에 갇혀 이미 종말을 고했을 것이다. 그래서 현대미술은 다빈치의 모나리자를 따라 그리는 작가보다 뒤샹이 다빈치의 모나리자 엽서에 콧수염을 그려놓은 작품에 주목한다. 이것은 예술의 본질이 형식적인 아름다움에 있지 않다는 것을 의미한다.

만약 어떤 절대적인 아름다움의 형식이 있다고 믿는다면, 그는 현대미술을 전혀 이해할 수 없을 것이다. 오늘날 현대미술은 아름다움과는 전혀 거리가 멀고 오히려 추에 가깝기 때문이다. 추한 건 아름답지 않은 게 아니라 타성에 젖어 관습을 유지하기 위해 새로운 문제에 반응하지 못하는 것이다. 계절이 바뀌어도 변하지 못하는 나무는 죽은 나무이듯, 문제가 변해도 변하지 못하는 작가는 죽은 작가다.

모든 문제의 근본은
변하지 못하고 굳어지는 것이다.

우리 삶의 모든 문제는 집착에서 비롯된다. 집착이란 과거의 어떤 특정한 생각에 사로잡혀 변하지 못하고 습관대로 반복하는 것이다. 이것이 자유를 억압하고 통제하며 문제를 일으킨다. 자연이 인간보다 위대한 건 집착이 없이 때에 따라 변한다는 것이다.

흘러가는 강물은 썩지 않는다. 그러나 그것이 웅덩이에 고이면 썩기 시작한다. 우리의 생각이나 양식도 굳어지는 순간부터 부패하기 시작한다. 몸이든 마음이든 사회적 관습이든 양태는 다르지만 모든 문제의 공통점은 굳어지는 것이다. 경직된다는 것은 생명의 노화현상이고 작은 죽음이다.

우리가 따르는 전통적 관습과 양식은 과거에 어떤 문제를 해결하기 위해 일시적으로 만들어진 것이다. 따라서 그것이 지금도 여전히 유효한 것인지를 판단하여 새로운 상황에 따라 변해야 한다.

인간이 영혼의 자유를 위해서 육체를 떠나야 하듯, 고정된 형식으로 존재하는 예술은 미를 위해서 죽어야 할 운명이다. 이처럼 미와 예술의 운명적인 불일치가 역설적으로 예술이 영원한 이유다. 물질로 태어난 예술이 영원한 이유는 문제가 항상 변하기 때문이다. 우리가 예술에서 표절을 범죄시하는 이유는 그것이 새로운 문제에 반응하지 못하는 죽은 양식이기 때문이다.

예술은 문제를 예술 내부에서 찾을 때
삽화에서 벗어날 수 있다.

작가들이 문제를 찾을 때 흔히 범하는 오류는 문제를 타 분야에서 찾는다는 것이다. 물론 작가가 자신의 관심사에 따라 사회나 심리, 정치, 환경 등을 문제 삼을 수 있다. 그러나 그것들은 예술의 문제가 아니고 그 분야의 전문가들이 따로 있다. 그러한 문제를 다룰 수는 있지만, 그 자체가 목적이 되면 예술은 다른 분야를 위한 삽화에 불과한 것이 된다.

그 단적인 예가 정치선전 예술이다. 예술이 정치나 권력의 이익에 부합하기 위한 선전물로 전락한다면 예술의 자율성을 지킬 수가 없다. 그뿐만 아니라 미술은 심리나 환경, 종교와 과학 등 타 분야의 내용을 설명하고 보조하는 삽화가 되어서는 안 된다.

예술의 자율성은 칸트의 미학 이후 클라이브 벨이나 로저 프라이의 형식주의 미학, 그리고 클레멘트 그린버그의 모더니즘 미술비평에 이르기까지 모더니즘의 중요 과제였다. 그 결과 모더니즘은 삶과 예술을 철저하게 분리시켜 추상미술로 나아갔지만, 그린버그가 주장한 매체성이나 회화의 평면성으로는 예술의 자율성을 결코 지킬 수 없었다. 이후 현대미술의 대세가 포스트모더니즘으로 넘어간 것은 모더니즘의 형식주의적 자율성이 성공할 수 없음을 입증한 것이다.

예술의 자율성은 오직 예술의 문제를 예술 내부의 굳어진 관습에서 찾을 때 지켜질 수 있다. 사회적 문제나 심리적인 문제에서 출발하더라도 그러한 문제가 예술의 새로운 양식에 이바지할 때 다른 분야의 삽화가 되지 않고 자율적일 수 있는 것이다.

동시대의 다양한 분야에서 새롭게 나타나는 현상들은 기존의 조형언어로 담아내기가 어렵기에 새로운 예술 양식을 필요로 한다. 그때 작가가 유념해야 하는 부분은 그러한 새로운 내용이 어떻게 새로운 양식을 낳을 수 있는지 하는 점이다. 예술가는 삶에서 내용을 가져오더라도 결국 독창적 양식으로 승부를 걸어야 한다. 이것이 예술이 삶을 멀리하지 않으면서 예술의 자율성을 지킬 수 있는 유일한 길이다.

예술가의
── 세 가지 수준

인간이 동물보다 우월한 점은 무엇보다도 언어를 사용하여 지식을 축적하고 상호 커뮤니케이션을 한다는 것이다. 우리가 전문가가 된다는 건 자기 분야에서 정밀하고 섬세한 언어 체계를 습득하는 것이다. 미술 역시 조형언어로서 소통을 전제로 한다. 비록 미술의 언어는 문법 체계와 상징의미가 주관적이고 개인적이어서 소통이 쉽지 않지만, 좋은 작가가 되기 위해서는 수준 높은 언어 체계를 갖추어야 한다.

작가들이 작품을 통해서 의사소통하는 방식은 크게 '상상계 차원'과 '상징계 차원', 그리고 '탈상징계 차원'으로 분류할 수 있다. 이러한 분류는 프랑스의 후기구조주의 철학자인 라캉의 정신분석학에서 영감을 얻은 것이다. 라캉은 정신분석의 체계를 세우면서 인간의 인식을 '상상계 Imaginary Order'와 '상징계Symbolic Order', '실재계The Real'라는 3항 관계로 설명했다.

상상계 차원의 작가는
옹알이 수준의 의사소통을 한다.

상상계 차원의 언어를 사용하는 작가는 '옹알이 수준babbling level'이라고 할 수 있다. 옹알이는 생후 4개월에서 7개월 사이의 유아들이 말을 배우기 전에 어른들의 소리를 흉내 내어 소통하는 방식이다. 이러한 언어는 대상을 지칭할 수 있는 단어를 모르고 문법의 체계가 없어서 소통이 제한적이다. 이것으로도 기본적인 욕구 표현은 가능하지만 섬세한 감정의 소통은 기대하기 힘들다. 언어가 서로 통하지 않는 외국인과 대화할 때도 이러한 수준의 의사소통만 가능하다.

　라캉은 상상계를 거울단계, 즉 유아가 거울에 비친 자신의 이미지를 통해 자아를 형성하는 과정으로 설명한다. 이때 유아는 나르시스적으로 거울에 비친 이미지를 실제 자기모습이라고 생각하는데, 이와 같은 상상계는 실재가 아니라 이미지의 영역이다. 이러한 언어를 배우기 이전의 단계에서는 세계와 나를 구분 짓지 못하고, 종종 자신을 어머니와 동일시하기도 한다.

옹알이 단계에 있는 작가들은 어떤 확실한 메시지나 영향력을 의식하지 않고 막연한 느낌을 주관적이고 유희적으로 표현한다. 그들은 자신의 표현이 내용에 적합하다고 생각하지만, 보편성의 결여로 인해 의사소통에 실패하는 경우가 많다. 또 이 단계에서는 자신의 상상을 실제라고 착각하거나 자신이 되고자 하는 대가와 자신을 동일시하여 객관적인 현실 파악이 어렵다.

상징계 차원의 작가는
소통이 가능하지만, 개성이 없다.

상징계 차원에 있는 작가는 자기 분야의 역사를 이해하고 기존의 언어를 익혀서 자신의 의도와 상황에 따라 화용론적으로 응용하는 단계다. 이 단계에서의 언어는 어느 정도 객관성과 보편성을 확보하여 타자와의 소통이 가능하지만, 섬세하고 개성적인 표현에는 한계가 있다.

정신분석적으로 라캉이 말하는 상징계는 오이디푸스 콤플렉스의 욕망을 규제하는 법의 영역이다. 이것은 상상계에 반하는 문화적 영역이며, 사회의 법과 규범으로 이루어진 언어의 영역이자 타자성의 영역이다. 유아는 상징계에 편입함으로써 나와 세계가 분리되어 있다는 걸 인식하고 사회의 각종 규칙을 따르게 된다. 그러면 어쩔 수 없이 상징계의 규범과 가치를 만족시키려는 욕망이 생기게 된다. 그래서 인간은 자신의 욕망이 아니라 타자의 욕망을 욕망하게 되는 것이다.

작가들은 대개 학교 교육을 통해 상징계 차원에 진입한다. 그래서 자기 분야의 역사와 객관적인 현실을 파악하게 되지만, 동시에 자신의 상상계적인 환상을 상실하는 아픔을 겪기도 한다. 대가와 자신의 차이를 객관적으로 인식하는 건 어느 시점에서 필요하지만, 그로 인해 자신의 꿈을 포기할 수도 있다. 우리는 어린 시절에 상상계로 원하는 것을 꿈꿀 수는 있으나 상징계라는 현실의 벽을 알고 나면 그 꿈을 이어가는 게 쉽지 않다.

작가들이 대가들과의 관계 속에서 자신의 수준을 객관적으로 알게 되면 좌절하거나 적당히 타협하게 된다. 그리고 객관성과 보편성을 위해서 기존의 언어를 배우고 사용하다 보면 자신의 순수한 상상력이 억압되고 희생당하는 고통을 치르게 된다. 이러한 상징계 수준에서는 사투리를 사용하는 정도의 변형은 가능해도 자신의 고유한 개성과 독창성이 드러나지는 않는다. 그러면 작품이 어디서 본 듯한 것처럼 보이고 신선하게 느껴지지 않는다. 작가로서 살아남으려면 이러한 원인이 된 상징계를 벗어나야 한다.

탈상징계 차원의 작가는
작품이 낯설고 모호하지만 독창적이다.

결론적으로 수준 높은 예술언어가 되기 위해서는 탈상징계 차원으로 진입해야 한다. 탈상징계가 궁극적으로 지향하는 곳은 실재이지만, 그것은 언어로 붙잡을 수 없는 신비의 영역이다. 라캉에 의하면 '실재계'는 상상계와 상징계에 의해 가려지거나 왜곡되는 형태로만 나타나며 인간의 이성적 사고로 포착할 수 없는 것이다. 노장사상에서 나오는 "도가도 비상도道可道非常道 명가명비상명名可名非常名"이라는 말처럼 규정할 수도 이름 붙일 수도 없는 '도道'와 같은 것이다.

　　예술의 존재론적 위치는 인간의 이성으로 결코 포착할 수 없고 우리의 관념 밖에 존재하는 미지의 영역을 포착하려는 노력이다. 여기서 다시 상상계가 필요하지만, 그것은 상징계 이전의 상상계가 아니라 상징계 너머의 상상계이어야 한다. 예술가에게 상상력은 매우 중요하지만, 그것이 상징계를 극복하는 과정에서 작동할 때 수준 높은 예술의 언어가 될 수 있다. 그럴 때 작가들은 미지의 영역을 개척할 때 느끼는 희열을 경험한다.

이때의 쾌감은 아름다운 대상에서 느끼는 안락한 쾌감이 아니라 낯설고 모호한 대상에서 느끼는 고통스럽고 숭고한 쾌감이다. 탈상징계로서의 예술은 상징계의 무책임한 해체가 아니라 실재계를 맛보려는 자신의 강렬한 의지와 바람의 산물이어야 한다. 그럴 때 온전하게 표현될 수 없는 실재계를 맛볼 수 있기 때문이다.

예술의 언어는 표현될 수 없는 미지의 세계가 존재한다는 걸 암시하는 데 그쳐야 한다. 그것이 객관적이고 확실한 것이라고 계몽하는 건 과학의 언어이지 예술의 언어가 아니다. 예술은 과학적 보편성을 추구하는 게 아니라 남과 다른 자신의 주관적인 시각을 표현하는 것이다. 그럴 때 작품에 개성과 독창성이 드러날 수 있고, 그것을 감상하는 사람들은 그러한 낯선 체험을 통해서 다양한 세계상과 상징계 속에서 잃어버린 자신의 꿈을 환기하게 된다.

창조적
인간으로 —— 살아가기

작가들에게 예술을 하게 된 동기를 물어보면 대개 어린 시절에 들었던 그림을 잘 그린다는 칭찬이 계기가 된 경우가 많다. 그러나 실제 작가 생활을 하다 보면 기교보다 상상력과 창조성이 더욱 중요하다는 것을 알게 된다. 그런데도 자신의 부족한 창의성을 기교로 극복하고자 한다면 머지않아 한계를 느끼고 작가 생활이 행복하지 못할 것이다. 더구나 인공지능이 인간의 기교적인 부분을 능가할 앞으로의 시대에는 창조성이 더욱 중요해질 것이다.

그렇다면 우리는 어떻게 자신의 잠재된 창의성을 극대화하여 창조적 인간으로 살아갈 수 있을까? 사실 예술가가 되는 것보다 중요한 것은 창조적 인간이 되는 것이다. 창조성은 예술가뿐만 아니라 행복한 삶을 추구하는 모든 분야 사람들에게 절대적으로 필요한 능력이다.

창조성을 가로막는 것은 개념이 만든 고정관념이다.

자신의 잠재된 창조력을 발휘하기 위해 우리는 창조성을 가로막는 고정관념에 대해 먼저 이해할 필요가 있다. 고정관념이란 어떤 대상에 대한 개념이 지식으로 굳어진 것이다. 개념이란 대상에서 공통적이고 일반적인 요소를 추출하는 대뇌의 작용인데, 이러한 능력은 감각 정보를 분석하고 종합함으로써 이루어진다. 인간은 이를 통해 지식을 축적하고 문화를 창조하지만, 고정관념은 뇌를 경직시켜 창조성을 상실하게 한다.

칸트가 말했듯이, 우리의 인식은 피상적인 현상에 기초하여 개념화 작용이 이루어지기에 그 바탕을 이루는 실재인 '물자체'를 알 수는 없다. 그래서 동양사상에서도 '도道'는 개념적으로 규정할 수 없다고 말해왔다. 모든 개념은 실재(물자체)와 무관한 것은 아니지만 동일시될 수도 없는 것이다. 하나의 실재는 수없이 다양한 개념으로 표현될 수

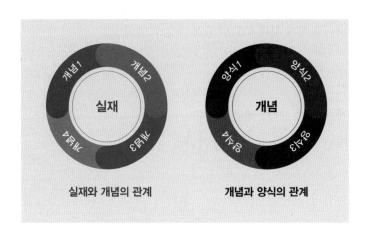

실재와 개념의 관계   개념과 양식의 관계

있고, 또 하나의 개념에서 수없이 다양한 양식이 나올 수 있다.

　이처럼 실재는 인간의 개념화와 양식화 과정을 거치면서 필연적인 왜곡이 일어난다. 따라서 우리가 아는 것은 개념화된 하나의 관념이지 실재가 아니다. 인간의 갈등과 비극은 이 지식화된 고정관념을 실재라고 착각하는 데서부터 시작한다.

인간의 문화는 모두
개념을 양식화한 것이다.

종교는 초월자로서 신을 개념화하고 양식화한 것이다. 우리가 믿는 것은 '신 자체'가 아니라 신에 관한 '개념'이다. 그리고 신에 대한 개념은 해석자에 따라 무수히 만들어질 수 있기에 수많은 종교가 존재하는 것이다. 또 동일한 개념에서 다양한 양식이 나올 수 있기에 한 종교 안에서도 많은 교파가 나올 수 있는 것이다. 대부분 종교 간의 갈등은 자신이 믿는 신의 개념이 절대적이라고 생각하기 때문에 일어난다.

그럼 과학적 진리는 절대적일까? 과학은 자연 현상에서 인간 생활에 필요한 것을 지식화한 것이다. 이 역시 그 시대 과학자들의 지적 수준과 믿음이 반영된 개념의 산물이지 절대적인 진리가 아니다. 가령 모든 물리적 현상은 물리법칙에 의해서 설명될 수 있다는 뉴턴의 기계론적 세계관이나 고전역학의 결정론적인 세계관은 양자역학에 오면 양자 시스템이 동시에 여러 개로 존재할 수 있는 중첩 개념이나 불확실성의 원리로 변하게 된다. 이러한 패러다임의 변화는 원자에 대한 개념이 변했기 때문이다.

예술 역시 예외가 될 수 없다. 예술은 미에 관한 개념을 양식화한 것이다. 예술의 양식이 시대마다 변하는 건 미에 관한 개념이 변하기 때문이다. 만약 서양의 고전주의자들이 생각한 것처럼 미가 황금비에 의해 결정된다면 그러한 개념에 기반한 고전주의 양식이 오늘날까지 지속될 것이다. 그러나 낭만주의 이후 현대미술은 그러한 이성적인 미와 정반대의 방향으로 전개되었다. 이처럼 미에 대한 다양한 개념이 가능하기에 오늘날 미술의 양식이 풍성해진 것이다.

개념과 관습의 굴레에서 벗어나려면
의식을 '선택모드'에 두어야 한다.

이처럼 인간은 개념화를 통해 문화를 창조하지만, 동시에 개념이 관습으로 굳어짐으로써 창조성을 상실하게 된다. 굳어진 관습은 우리의 행동을 기계적으로 반복하게 만들기 때문이다. 인간 행동의 기계적인 반복은 비창조적이고 희극적이다. 그래서 프랑스의 철학자 베르그송은 "신체의 태도나 몸짓이 기계적인 것을 연상시키는 정도에 비례해서 우스꽝스러운 것이다"라고 말했다. 우리의 자유로운 영혼과 생명은 항상 시시각각 변하기 때문이다.

따라서 우리의 창조성을 발휘하기 위해서는 먼저 우리가 알고 있는 지식이 실재가 아니라 개념이라는 걸 이해

창조적 인간으로 살아가기

해야 한다. 그리고 그런 개념이 만든 양식의 노예 상태에서 벗어나고자 노력해야 한다. 이를 위한 최고의 방법은 의식의 모드를 '선택모드'로 두는 것이다. 우리가 컴퓨터로 영어를 쓰려면 먼저 키보드를 영어 모드로 전환해야 하듯이, 창조성을 발휘하기 위해서는 먼저 의식의 모드 전환이 필요하다.

평상시에 관습에 따라 행동할 때 우리의 의식은 '습관모드'에 있다. 이 상태에서는 기계처럼 무의식적으로 반응하고 조건반사적으로 행동하기에 창조적인 일이 어렵고 겨우 반복적인 일상생활을 영위할 수 있을 뿐이다. 그러나 의식을 선택모드로 전환하면 습관적인 조건반사적 반응을 연기하고 관조하면서 본질과 관련하여 더 이상적인 것을 선택하게 된다. 발달심리학에서는 이 상태를 '메타인지 Metacognition'라고 하는데, 이때 고정관념으로서의 나와 다른 '참나'가 등장한다.

이 '참나'라는 창조적 주체가 우주 의식과 연결되어 지혜와 영감을 끌어냄으로써 우리는 창조적인 일을 할 수 있는 것이다. 이처럼 우주 의식과 연결된 선택모드에서는 자력 충전이 가능하다. 남의 지식을 습득하는 학습모드에서는 주유소에서처럼 타력 충전에 의존하지만, 선택모드에서는 태양광 자동차처럼 자력 충전이 이루어지기 때문에 충분한 의식 에너지로 창조적인 일을 할 수 있게 된다.

일상생활에서 선택모드를
작동하면 명상이 된다.

선택모드의 자력 충전시스템은 작업할 때뿐만 아니라 일상
생활에서도 가능하다. 일상생활에서 우리는 대부분 습관모
드에 있다. 그래서 기계적으로 반복되는 행동을 하지만, 선
택모드로 전환하면 무의식적으로 행하는 자신의 행동을 관
조하면서 더 나은 선택을 할 수 있다.

운동선수들이 선택모드에서 운동하면 습관적으로 하
던 동작을 개선하여 자신에게 최적의 폼을 찾아갈 수 있다.
코치의 요구를 따르는 것은 한계가 있다. 운동의 완성은 결
국 자기 폼을 찾는 것이고, 예술의 완성은 자기 양식을 찾는
것이다.

또 관찰의 대상을 일상에서 하는 동작이나 호흡으로
삼을 수 있다. 이것은 인도에서 가장 오래된 명상으로 내려
오는 위빠사나의 방법이다. 석가모니가 발견한 걸로 알려진
이 방법은 정신을 집중하여 몸이 경험하는 감각을 인식하
는 것이다. 또 자기의 생각이나 감정을 대상으로 삼을 수도

있다. 그 어떤 것이든 자신을 섬세하게 감각적으로 느끼고 관찰한다는 것은 관습과 고정관념에 물든 나와 순수의식으로 이루어진 참나를 분리함으로써 창조적인 나를 가능하게 하는 방법이다.

　그러므로 우리가 창조적인 사람이 되기 원한다면 습관모드의 시간을 줄이고 선택모드의 시간을 늘려야 한다. 창작이란 결국 작은 선택들이 모여서 이루어지기 때문이다. 습관모드 상태에서 작업을 하면 관습에 의존하기에 재미도 없고 신선한 작품이 나오지 않는다. 그러나 선택모드에서는 완전 몰입이 이루어져 평소에 불가능한 최선의 선택들이 이루어진다. 그것은 후천적인 '관습적인 나'에서 벗어나 선천적인 '창조적인 나'를 찾아가는 최고의 방법이다. 그렇게 되면 끊임없이 지속적인 선택을 해야 하는 창작 행위 그 자체가 명상이 된다.

4장

어떻게 창작할 것인가

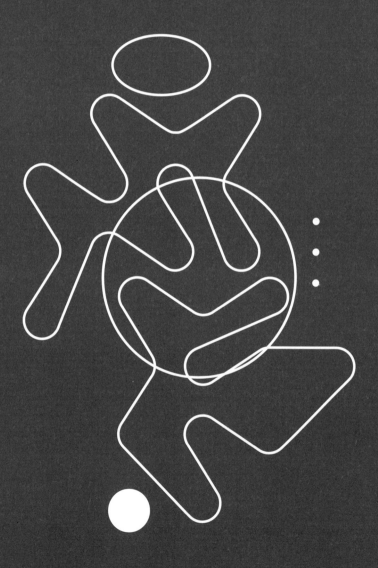

무슨
—— 말을 —— 할 것인가

미술작품은 사물처럼 물질로 이루어져 있지만, 사물과 달리 작가가 전하고자 하는 어떤 메시지가 담겨 있다. 그런 점에서 예술작품은 일종의 언어라고 할 수 있고, 모든 언어는 어떤 내용을 전달하기 위한 수단으로서 역할을 한다. 특히 공간 예술인 미술은 전하고자 하는 이야기를 압축시켜 하나의 이미지로 보여주어야 하기에 작품을 감상하는 시간이 매우 짧다. 이 짧은 시간에 자신의 메시지를 전달하기 위해서는 주제를 시적으로 압축하여 표현할 수 있어야 한다.

종종 작가들에게 "무슨 이야기를 하고자 하느냐?"라는 질문을 던지면 머뭇거릴 때가 많다. 이것은 주제에 대한 사유가 부족했거나 아직 정리가 안 되었기 때문이다. 또 어떤 경우는 메시지가 너무 상식적이어서 실망스러울 때도 있다. 예술의 메시지는 우리가 생각하지 못한 다른 관점을 제시하거나 시적인 울림이 있는 심오한 내용이어야 한다. 또 좋은 주제는 우리 삶과 관련된 시사적인 내용으로 다른 사람의 공감대를 끌어낸다.

남을 설득하기에 앞서 자신을 납득시켜야 한다.

따라서 작가들은 작품 제작에 앞서서 자신이 무슨 말을 하고자 하는지, 왜 그 말을 하고자 하는지, 작품이 목표로 하는 바가 무엇인지, 그 타당성에 대해서 스스로 납득할 수 있어야 한다. 먼저 자신이 납득할 수 있어야 자신 있게 남에게 주장을 펼 수 있기 때문이다.

대개 주제가 명확하지 않은 상태에서 작업을 진행하다 보면 충동적인 느낌에 의존하게 되어 일관성이 없고 공허감이 느껴진다. 이 공허감은 작업의 주제를 정리할 필요가 있다는 것을 알려주는 내면의 소리다. 이러한 양심의 소리를 무시하고 계속 기법과 기교의 문제에만 골몰하면 양식에 갇히게 되고, 나중에 억지로 주제를 갖다붙이게 된다.

좋은 작가가 되려면 이 점에 있어서 자기 자신에게 엄격해야 한다. 빈약한 주제를 기교로 그럴듯하게 포장하는 데 익숙해지면 내면의 소리가 차단되어 작가로서의 진실성을 상실하기 때문이다. 자기 확신이 약한 작가는 항상 남이 어떻게 볼지, 남에게 어떻게 포장하여 보여줄지를 고민한다. 그러나 좋은 작가는 자신이 어떻게 생각하는지, 과연 그것이 타당한 것인지, 항상 자기의 생각을 스스로 의심하고 질문한다.

삶에서 역경은 불행을 의미하지만 예술에서는 창작의 불쏘시개로 활용된다.

일반적으로 작품의 메시지는 항상 어떤 문제로부터 생겨난다. 우리는 살아가면서 많은 문제에 직면하여 감정의 동요와 고통을 경험하지만, 그것을 관조함으로써 극복할 수 있는 지혜를 얻게 된다. 대개 문제가 심각할수록 극복의 의지도 강렬해지기에 그에 따른 메시지도 강해진다. 우리 삶에서 겪는 역경과 고통은 흔히 불행을 의미하지만, 예술에서는 종종 없어서는 안 될 창작의 불쏘시개로 활용된다. 그래서 삶이 평탄한 작가보다 그렇지 못한 작가들에게서 좋은 작품이 많이 나오고, 사회가 편안한 시절보다 혼란기에 좋은 작가가 배출되는 경우가 많다.

그러나 그렇지 못하더라도 불행에 처한 사람이나 사회적 부조리에 대한 공감과 연민이 있다면 타자의 문제를 얼마든지 간접적으로 체험할 수 있다. 또 감수성이 예민한 사람은 평범하고 사소한 것에서도 문제를 찾아내고 좋은 주제를 끌어내기도 한다. 중요한 것은 모든 주제는 어떤 문제로부터 생긴다는 것이고, 모든 문제는 자유롭지 못한 경직성에서 비롯된다는 것이다. 따라서 그런 문제를 인식할 수 없다면 주제도 나올 수 없다.

예술의 주제는 경직성에서 오는 문제를 자유롭게 하는 것이어야 한다. 좋은 주제는 문제의 원인이 되는 편견과 고정관념을 반성하게 하고, 우리가 미처 의식하지 못하는 것들을 의식하게 해준다. 예술가는 삶에 빠져 허우적거려서도 안 되고, 고통스러운 삶을 너무 쉽게 초월해서도 안 된다. 고통스러운 삶을 관조하며 그것을 불쏘시개로 활용할 때 고통은 창작으로 승화되기 때문이다.

소재는 주제에 도달해야 하고
주제는 자신을 위한 소재가 있어야 한다.

작업의 주제가 정해졌다면 그 메시지를 전달하기 위한 구체적인 소재가 필요하다. 작업의 소재는 작품의 바탕이 되는 재료로서 사물이나 자연물, 인간이나 사회, 역사 등 모든 게 가능하다. 어떤 소재를 선택할 것인지를 결정하는 것은 철저하게 주제와의 관련 속에서 판단해야 한다.

그러면 작업에서 소재와 주제 중 무엇이 먼저일까. 이 문제는 정답이 없는 것 같다. 어떤 경우는 주제를 먼저 잡고 그 내용에 골몰하다 보면 소재가 눈에 들어오기도 하지만, 어떤 경우는 우연히 눈에 들어온 소재에서 남다른 감정을 느끼고 주제를 끌어내기도 한다. 중요한 건 소재는 그것을 통해 전하고자 하는 주제에 도달해야 하고, 주제는 자신을 드러낼 최선의 소재가 있어야 한다는 것이다.

소재는 요리의 재료처럼 아직 아무런 변형이나 해석이 가해지지 않은 순수한 상태다. 재료를 요리하기 위해서는 재료의 속성을 잘 파악해야 다양하게 활용할 수 있다. 가령 꽁치는 구이나 조림, 튀김 등으로 사용할 수 있고, 또는 겨울 바닷바람에 잘 말려 과메기로 먹을 수도 있다. 이것을 결정하는 건 요리사의 선택이듯이, 같은 소재라도 작가의 선택에 따라 달라진다. 따라서 작품에서 소재의 의미는 작가마다 다를 수 있다.

주제는 일관성이 있어야 하고
소재는 다양해야 한다.

작가가 소재에 부여한 주관적인 상징의미를 '제재題材'라고 하는데, 작품의 의미체계에서 제재는 물질적인 소재와 정신적인 주제를 매개한다. 소재의 일상적인 지시의미는 작가에 의해서 고유한 상징의미를 부여받게 되고, 작가의 의도에 따라 심층적인 주제로 발전한다. 제재가 상징의미에 그치지 않고, 우리 삶에 교훈이 될 만한 주제의 '심층의미'로 나아갈 때 하나의 유기적인 의미체계가 완성된다.

가령 이른 봄에 피는 '매화'라는 소재는 서리와 눈을 두려워하지 않고 언 땅 위에 고운 꽃을 피워 내기에 지조와 절개를 상징하고, 역경에 맞서는 속성은 용기나 희망을 상징할 수 있다. 이러한 제재의 상징의미가 주제로 나아가려면 어떤 의미 있는 메시지로 나아가야 한다. 가령 매화라는 소재에서 '지조'를 제재로 선택하여 "역사는 역경 속에서 지조를 지킨 사람을 기억한다"라는 주제를 끌어낼 수 있다. 그러면 매화라는 소재는 일상적인 지시의미나 상징의미에 그치지 않고 우리 삶과 관련하여 뭔가 교훈을 주는 심오한 심층의미를 지닌 주제로 발전하게 된다.

이처럼 소재, 제재, 주제라는 예술작품의 의미체계는 삼각형의 형태를 띠게 되는데, 이것은 주제의 통일성과 소재의 다양성을 의미하는 것이다. 만약 반대로 하나의 소재에서 다양한 주제가 나오는 역삼각형의 의미체계가 되면 작업이 매우 산만하게 된다. 작가의 세계관과 예술관이 담겨 있는 주제는 일관성이 있어야 하고, 소재는 다양해야 지루하지 않게 된다.

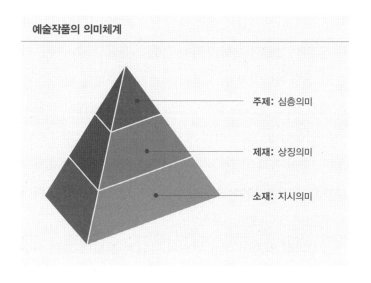

예술작품의 의미체계

주제: 심층의미

제재: 상징의미

소재: 지시의미

반 고흐
작품의 —— 의미체계

앞에서 다룬 작품의 의미체계를 작가들이 어떻게 구현하는지 반 고흐의 사례를 통해 이해해 보도록 하자. 고흐는 자살로 생을 마감할 정도로 비극적인 삶을 살았고 당시에는 인기 작가가 아니었지만, 사후에 세계인의 사랑을 받는 작가가 되었다. 그것은 치열하게 살았던 자신의 삶에서 작품의 주제를 끌어내어 독창적인 자기 양식을 구축했기 때문이다. 그는 3대째 목사 가문에서 태어나 화랑에서 작품 판매 일을 하였고, 목사가 되기 위해 탄광촌에서 전도사 생활을 하다가 뒤늦게 그림에 뛰어들었다.

사회적 약자에 대한 연민이 유난히 강했던 그는 처음에 노동하는 사람들의 정직한 삶을 주제로 삼았다. 그의 초

기작품인 〈감자 먹는 사람들〉(1885)은 농부 가족이 일을 마치고 희미한 석유램프 아래에서 감자를 먹고 있는 장면을 소재로 삼았다. 이 작품은 고흐가 아버지를 따라 1882년부터 네덜란드 남부의 시골 마을 뉘넌에서 보낼 때 직접 본 광경을 그린 것이다.

이처럼 사회적으로 소외된 사람들은 쿠르베나 도미에 같은 리얼리즘 작가들이 즐겨 다룬 소재이다. 그들은 빈부격차가 심한 자본주의 사회의 부조리를 풍자하고 비판하기 위해 이러한 소재를 다루었다. 그러나 고흐는 유사한 소재에서 그들과 전혀 다른 상징의미를 끌어냈다. 고흐는 오히려 이들의 진실된 삶에서 "노동의 가치와 흙의 의미"를 노래하고자 했다.

이것은 그가 농민들의 모습을 리얼리즘 작가들처럼 풍자적이고 비판적인 시각으로 해석한 것이 아니라 거기에서 긍정적인 희망을 보았다는 의미다. 그는 일평생 노동자, 농부, 직조공, 광부의 정직하고 진실한 삶에서 종교적 선함을 발견했다. 이 작품에서도 그는 가난 속에서도 희망을 잃지 않고 살아가는 농부들의 진실한 삶을 제재로 하고 있다. 이것은 목사가 되고자 했던 그의 종교적 가치관이 반영된 결과라고 할 수 있다.

고흐,
〈감자 먹는 사람들〉,1885

제재의 상징의미에는
주관적 가치관이 반영되어야 한다.

이처럼 제재는 자신의 주관적인 가치관이 반영될 때 소재의 지시의미에서 벗어나 고유한 상징의미를 갖게 된다. 농부들의 진실한 삶을 표현하기 위해서 그는 "마치 땅을 파는 사람들처럼 보이도록 분위기를 만들고, 이 사람들이 먹고 있는 것은 자신들이 노동을 통해 정직하게 번 것"임을 느끼게 하였다. 그리고 들판의 쾨쾨한 퇴비 냄새가 느껴지게 하려고 일부러 껍질을 벗기지 않은 감자의 어두운색을 사용했다.

결과적으로 이 작품은 우리가 상식적으로 생각하는 아름다움과 거리가 먼 작품이 되었다. 여기에는 꽃처럼 아름다운 소재도 없고, 색도 단조롭고 칙칙하기 그지없다. 게다가 거칠고 투박한 터치는 분위기를 더욱 무겁게 만들고 있다. 그렇다면 이처럼 상식적인 아름다움과 거리가 먼 표현을 통해서 궁극적으로 그가 전하고 싶은 메시지가 무엇이었을까?

그는 여인들이 "주일날 멋지게 정장을 차려 입고 교회에 가는 것보다 밭에서 일복을 입고 있을 때가 훨씬 더 아름답다"고 생각했다. 왜냐하면 곱게 차려입은 숙녀의 옷차림은 남에게 잘 보이기 위해서 본래 모습을 감춘 것이지만, 햇빛과 바람에 색이 바래고 잔뜩 흙이 묻은 옷을 입은 농부의 딸은 어떤 치장도 없이 자신의 본래 모습을 진솔하게 드러내기 때문이다. 고흐는 이처럼 시각적인 외면에서 아름다움을 찾는 사람들의 생각에 문제를 제기하고자 했다.

주제는 상식에서 벗어나 미와 예술의 본질을 재고하게 해야 한다.

지금도 그렇지만 사람들은 대체로 곱고 화려한 꽃이나 멋진 풍경을 그린 작품에서 아름다움을 느낀다. 고흐는 이러한 사람들의 편견에 균열을 내고 아름다움의 본질이 화려한 외형에 있는 게 아니라 진실한 내면에 있다고 생각했다. 이러한 주제는 비상식적이면서 미의 본질을 재고하게 한다는 점에서 예술의 주제로 적합하다. 예술의 주제는 이처럼 상식에서 벗어나 새로운 관점을 제시해야 한다. 그는 확고한 신념이 있었기에 사람들의 기대와 시선을 아랑곳하지 않고, 작품이 팔리든 말든 더욱 어둡고 거칠게 표현하며 주제를 극대화할 수 있었다.

작가들이 아름답지 않은 양식을 과감하게 내놓을 수

있는 용기는 자신의 주제가 확고해야 가능하다. 그렇지 않으면 남의 눈치를 계속 보게 되기 때문에 결과적으로 평범하고 상식적인 작품이 되고 만다.

〈감자 먹는 사람들〉의 의미체계

소재 —— 감자 먹는 사람들

제재 —— 진실한 삶

주제 —— 화려한 외양보다 진실한 내면이 더 아름답다.

고흐는 1886년 고향 네덜란드를 떠나 파리로 이사하게 되는데, 그곳에서 그는 몇 점의 낡은 〈구두〉를 그렸다. 고흐가 정물화의 소재로 하필 낡고 볼품없는 구두를 소재로 선택한 것은 〈감자 먹는 사람들〉에서처럼 거기에서 노동과 대지의 신성함을 느꼈기 때문이다. 철학자 하이데거는 『예술작품의 근원』에서 그러한 고흐의 의도를 이렇게 기술하였다.

이 구두라는 도구 안의 어두운 틈새에는 농부의 고달픈 발걸음이 새겨져 있고, 질펀한 무게에는 거친 비바람에도 광활

한 밭고랑을 오고 간 주인의 강인함이 배어 있다. 또 가죽 표면에는 대지의 습기와 풍요가 깃들어 있고, 밑창에는 해 저문 들녘의 정적이 아로새겨져 있다. 이 구두라는 도구에는 대지의 소리 없는 외침과 다 익은 곡식의 선물을 전하는 대지의 정적과 겨울 들판의 황량한 휴경지에 일렁이는 대지의 알 수 없는 절규가 요동치고 있다. 이 도구에 스며 있는 것은 식량의 확보를 위한 불평 없는 근심과 다시 고난을 극복한 뒤의 말 없는 기쁨, 그리고 출산의 임박함에 따른 초조함과 죽음의 위협 앞에서의 떨림 등이다. 이 구두는 대지에 예속되어 있으며 농촌 아낙네의 세계 안에 존속되어 있다.*

이 글에서 하이데거는 구두라는 소재에 담긴 농촌 아낙네의 절실하고 진실한 삶을 생생하게 표현했다. 그러나 미술사학자인 메이어 샤피로는 하이데거의 이러한 해석에 반기를 들었다. 그는 실증적인 미술사학자답게 이 구두가 1886년 파리에서 그린 것이기에 시골 아낙네의 것이 아니라 고흐가 신었던 구두라고 주장했다.

하이데거는 구두라는 제재의 상징의미를 해석한 데 비

★　마르틴 하이데거, 『예술작품의 근원』, 오병남, 민형원 옮김, 1990 (1979), 경문사, 99쪽 참조.

　　　　　　　창조적 인간으로 살아가기

고흐,
〈구두〉, 1886

해서 샤피로는 "이 구두가 누구 것이냐" 하는 소재의 지시의미를 밝히고자 했기에 이러한 상이한 해석이 나온 것이다. 소재의 지시의미와 제재의 상징의미는 원래 일치하지 않는 것이기에 샤피로의 문제 제기는 한마디로 난센스다.

추와 미의 경계를 허무는 것은
현대미술의 중요 전략이다.

구두가 농촌 아낙네의 것인지 고흐의 것인지는 이 작품을 해석하는 데 중요한 문제가 아니다. 어차피 소재와 제재는 주제를 위한 것이기 때문이다. 중요한 것은 구두라는 소재를 통해서 말하고자 하는 메시지가 무엇이냐 하는 것이다.

전통적인 정물화의 관점에서 보면 낡고 해진 구두는 매우 부적절한 소재지만, 고흐가 의도한 바대로 가난한 사람들의 '진실한 삶'을 떠올리기에는 더없이 적합해 보인다. 그는 이 작품에서도 "화려한 외양보다 진실한 내면이 더 아름답다"라는 자신의 주제를 이어가고 있다. 이처럼 추해 보이는 소재를 선택하여 추와 미의 경계를 허물고 아름다움의 본질을 재고하게 하는 전략은 오늘날 현대 작가들이 즐겨 사용하는 예술적 전략이다.

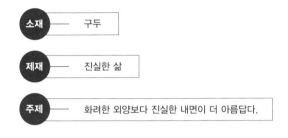

프랑스에서 고흐의 생활은 평탄하지 못했다. 아를에서 그는 고갱과 동거하게 되는데, 갈등을 빚고 싸우다가 분을 참지 못해 자신의 귀를 잘라버렸다. 그 후 불안증세가 심해지자 그는 생 레미 요양원으로 들어가 그곳에서 그림을 그리게 된다.

그가 요양원에서 그린 〈별이 빛나는 밤〉(1889)은 당시 그의 불안한 감정과 그것을 극복하고자 하는 의지가 복합적으로 느껴진다. 이 작품에서 그는 밤하늘의 별과 수직으로 뻗어나가는 사이프러스 나무를 중심 소재로 선택했다. 그는 이 시기에 왜 별을 새로운 소재로 선택한 것일까?

그는 별을 차가운 운석 덩어리가 아니라 죽은 사람이 가는 영혼의 고향 같은 곳으로 생각했다. 칠흑같이 어두운 밤을 밝히는 별은 당시 고통스러운 요양원에서의 삶에서 잠시나마 벗어날 수 있는 최상의 유토피아였을 것이다. 이 작품에서 화면의 절반 이상을 차지하고 있는 밤하늘은 달과 별들의 진동하는 빛으로 어둠을 밝히기에 충분해 보인다.

또 다른 소재인 사이프러스 나무는 오른쪽의 마을에 비해서 압도적으로 크게 그려져 하늘에 닿을 듯하다. 이 나무는 고흐가 당시 가장 즐겨 그렸던 소재다. 그는 너무 흔해서 아무도 주목하지 않는 이 나무에 남다른 감동을 느꼈다.

그의 편지를 보면 하늘 높이 치솟아 오른 사이프러스 나무에서 그가 떠올린 것은 태양숭배의 상징인 이집트의 오벨리스크라는 것을 알 수 있다. 이것은 고통스러운 현실을 극복하고자 하는 그의 낭만적 열정에 부합하는 환상을 제공했다. 현실이 고통스러울수록 그는 강렬하게 낭만적 열정을 불사를 대상이 필요했고, 사이프러스 나무는 그러한 갈망이 있는 고흐에게 새롭게 다가온 것이다.

고흐,
〈별이 빛나는 밤〉, 1889

환경의 변화는 제재를 변화시키고
양식의 변화를 가능하게 한다.

프랑스에서 이 같은 환경의 변화는 작품의 제재를 농민들의 '진실한 삶'에서 자신의 '낭만적 열정'으로 바꾸었다. 이 시기 그는 자화상을 그리든지 자연을 소재로 삼든지 자신의 불안과 낭만적 열정을 화폭에 담아냈다. 이를 위해서 힘차고 짧은 선으로 역동적으로 꿈틀대는 내면의 힘을 형상화했다. 이는 다른 작가들과 차별화된 그의 독창적인 표현방식이 되었다.

〈별이 빛나는 밤〉의 의미체계

- **소재** — 별, 사이프러스 나무
- **제재** — 낭만적 열정
- **주제** — 가시적인 외면보다 비가시적인 내면이 아름답다.

여기서도 보이지 않는 내면에서 진실성을 찾고자 한 작품의 주제는 여전히 이어지고 있다고 할 수 있다. 초기에는 주로 인간의 진실한 삶에서 주제를 끌어냈다면, 프랑스로 이주하여 인상주의의 영향을 받은 이후에는 이를 자연으로 확대하여 비가시적인 자연의 역동적인 힘을 표현하고자 했다.

이상에서 살핀 바에 의하면, 고흐 작품의 의미체계는 소재의 다양성과 주제의 일관성을 충실하게 따르고 있다는 걸 알 수 있다. 그리고 삶과 생활환경이 변하면서 제재의 상징의미가 바뀌고 이에 따라 작품의 양식 역시 변하는 것을 살펴보았다. 그런데도 우리가 그의 작품을 다른 작가의 작품과 쉽게 구분하는 이유는 주제의 일관성이 잘 지켜지고 있고, 그에 부합한 독창적인 표현 방식 때문이다.

처음에는 자신에게 맞는 주제를 찾아서 자주 바꿀 수 있으나 어느 정도 주제가 잡히면 그때부터는 내용을 파고들면서 주제를 심화시켜야 상식적이지 않고 깊이 있는 메시지가 나오게 된다. 그리고 일반적인 상식과 다른 심오한 주제에 부합한 양식을 찾을 때 진부한 전통의 관습에서 벗어나 새롭고 독창적인 양식이 나올 수 있다.

주제별
접근법과 ———
유의점

대개 기업에서 신제품을 만들 때는 기존에 나온 제품의 한
계나 문제점을 찾아내서 이를 보완하는 방법으로 접근한
다. 그러나 어떤 경우는 생활 속에서 먼저 어떤 필요성이 생
겨서 제품을 만들게 되기도 한다. 기존 제품의 문제를 보완
하는 것과 생활의 필요를 살피는 것은 상호보완적이어야
하지만, 이처럼 출발이 다를 때는 접근 방법과 유의점이 다
르다.

　예술작품도 작가의 관심사에 따라 주제가 다르겠지만,
크게 '예술 안의 주제'와 '예술 밖의 주제'로 나눌 수 있다. 굳
이 이것을 나누는 이유는 주제를 어디에서 가져오느냐에
따라서 접근 방법과 유의점이 달라지기 때문이다. 이것은

예술의 자율성을 성취하기 위한 중요한 절차다. 예술이 다른 분야를 위한 삽화가 아니라 독립적인 자율성을 성취하고자 한다면, 반드시 이것을 숙지하고 작업에 임해야 한다.

예술 안의 주제는
전통에 대한 유의미한 비전이어야 한다.

먼저 '예술 안의 주제'는 호랑이를 잡기 위해 호랑이 굴로 들어가듯이, 전통 안으로 들어가 전통에 관한 유의미한 주제를 끌어내는 것이다. 이 경우는 정면돌파의 방법으로 주로 예술에 대한 기존의 개념을 재고하게 하거나 특정 양식으로 굳어진 사조를 보완 또는 해체하는 방향으로 주제가 잡힌다.

이러한 예술 안의 주제가 유의미한 메시지가 되려면 먼저 대상으로 하는 전통의 범주를 분명히 해야 한다. 예술에 대한 편견을 문제 삼을지, 아니면 특별한 사조나 장르, 혹은 어떤 양식에 관한 문제인지를 정해야 한다. 자기의 주제가 무엇에 관한 내용인지를 분명히 하는 것은 등반가가 등반하기 전에 어느 산을 오를지를 선택하는 일처럼 창작을 위해 반드시 거쳐야 하는 과정이다.

대상 설정이 이루어졌으면 다음에 자신이 선택한 전통에 관한 충분한 이해를 통해 한계와 문제를 정확하게 진단해야 한다. 문제 진단이 정확할수록 의미 있는 중요한 메시지가 될 수 있기 때문이다. 만약 이 단계에서 문제 찾기에 실패하면 다루고자 하는 대상의 교체를 고려할 필요가 있다. 문제없는 추종은 결국 아류를 낳기 때문이다. 이 과정은 자신이 오르고자 하는 산의 등산로와 난이도를 파악하는 작업처럼 신중해야 한다.

전통에 관한 충분한 이해와 진단이 이루어졌으면 다음에 자신이 전통을 '추종'할 것이지, '보완'할 것인지, '해체'할 것인지를 판단해야 한다. 추종은 기존의 방식을 충실하게 이용하는 것이고, 보완은 전통의 대부분을 따르면서 그것의 일부를 수정하는 것이다. 그리고 해체는 아예 전통에서 벗어나 새로운 방식을 찾는 것이다.

전통에 대한 '추종'인지 '보완'인지 '해체'인지를 정해야 한다.

자신이 선택한 전통이 아직 유효하다고 생각된다면, 이를 추종하여 비슷한 주제를 잡고 양식에서 개성 있게 차별화를 시도하면 된다. 그러나 자신이 추종하는 전통이 너무 오래되고 진부한 것이면 독창적인 양식이 나오기 어렵다. 따라서 전통을 추종할 경우는 아직 독창적인 양식이 나올 수 있는 여지가 있는지를 반드시 살펴보아야 한다.

만약 전통이 다소 진부한 면이 있어서 개선할 필요가 있다고 생각하면 보완할 내용을 주제로 선택하면 된다. 이 경우 시대성과 관련 속에서 보완하고자 하는 주제의 적절성과 타당성을 검증해야 한다. 이 점이 검증되었다면 보완하고자 하는 내용을 극대화할 수 있는 양식을 찾으면 독창적인 양식이 가능하다.

그러나 보완만으로도 어렵다고 판단되면 전통을 완전히 해체하는 주제를 선택해야 한다. 이 경우는 위험과 모험을 감수해야 하지만, 뒤샹처럼 모험에 성공하면 영향력이 있는 선구적인 작가가 될 수 있다. 뒤샹은 1912년 항공 공학 박람회를 관람한 뒤 친구인 브랑쿠시에게 "이제 회화는 끝났어. 저 프로펠러보다 멋진 것을 누가 만들어낼 수 있겠어?"라고 말했다. 그리고 "예술은 작가가 무언가를 제작하는 게 아니라 선택하는 행위 자체"라는 주제로 미술의 전통을 해체했다.

그는 이 주제에 부합한 양식을 위해 변기나 자전거 바퀴 같은 기성품을 작품으로 제시했다. 그것들은 일상에서 전혀 독창적이지 않은 것이지만, 미술의 전통에서 보면 매우 독창적이다. 그때까지 어떤 작가도 그가 '레디메이드'라고 부른 기성품을 작품이라고 생각하지 않았기 때문이다. 이처럼 독창성의 여부에 대한 판단은 항상 자기 분야의 전통 안에서 이뤄져야 한다. 중요한 건 결과적으로 작품의 독창성이 전통을 확장하여 이후 현대미술을 한층 풍요롭게 했다는 점이다.

'예술 밖의 주제'는 자칫 작품을 삽화로 만들 수 있다.

한편, '예술 밖의 주제'를 다룰 때는 예술의 문제가 아니라 개인이나 사회 혹은 역사 등에서 문제를 찾는 것이기에 특별한 주의가 필요하다. 이 경우 작품은 자칫 다른 분야의 내용을 계몽하기 위한 삽화로 전락할 수 있기 때문이다.

사실 현대 이전의 미술은 신화나 종교의 도덕적인 내용을 설명하기 위한 보조적인 수단으로 활용되었다. 17세기부터 예술의 대상을 현실의 풍경이나 정물 혹은 인물로 확대했어도 예술은 현실을 위한 재현이라는 점에서 삽화적 성격에서 벗어나지 못했다. 예술의 목적이 재현에 있다면

창조적 인간으로 살아가기

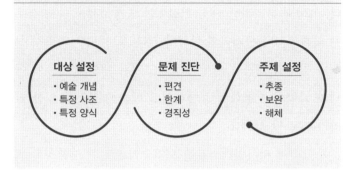

'예술 안 주제'의 접근 방법

대상 설정	문제 진단	주제 설정
• 예술 개념	• 편견	• 추종
• 특정 사조	• 한계	• 보완
• 특정 양식	• 경직성	• 해체

사과를 그린 정물화는 실제 사과보다 가치가 못한 것이다.

현대미술은 이러한 재현주의 미학에 대한 반성에서 출발하여 순수예술과 예술의 자율성을 추구하는 쪽으로 나아갔다. 오스카 와일드의 유미주의나 클라이브 벨의 형식주의는 예술에서 도덕적 내용을 몰아내고 미적인 감각을 예술의 자율성이라고 주장했다. 이들의 영향으로 현대미술은 재현에서 벗어나 작품의 주제를 설정할 때 인간의 내면이나 자연의 구조적 본질을 대상으로 삼았다. 이처럼 대상의 변화는 다양한 사조와 새로운 양식을 낳게 하였으나 이로 인해 미술의 자율성을 성취했다고 보기는 어렵다.

가령 표현주의나 초현실주의는 인간의 감정이나 무의식을 대상으로 삼고 그에 따른 주제와 양식을 내놓았지만, 이것은 엄격히 말하면 심리학이나 정신분석의 주제이다. 그러면 예술작품은 프로이트의 정신분석을 위한 삽화가 된다. 그리고 부조리한 사회 현실이나 환경문제를 다룬 경우는 사회학이나 생태학의 삽화가 된다. 또 새로운 과학적 성취나 철학적 개념을 다루더라도 그것은 예술의 내용이 아니라 과학이나 철학의 주제이기에 예술은 그것을 위한 삽화가 되고 말 것이다.

그래서 미니멀리스트들은 미술의 완전한 자율성을 위해서 재현의 요소를 완전히 제거하고 '현전'의 상태를 보여주고자 했다. "당신이 보는 것이 당신이 보는 것이다What you see is what you see"라는 프랭크 스텔라의 말은 탈재현의 방식으로 자율성에 도달하고자 한 미니멀리즘의 요체다.

그러나 이러한 미니멀리즘 작품은 '자기-지시'라는 동어반복적인 무의미의 함정에 빠졌고, 현시 불가능한 본질을 고정된 물질로 현시하려는 모순에 직면하였다. 이것은 단일하고 근원적인 본질을 현시하기 위해 기하학적 물질로서 신의 아바타 같은 상징물을 내세웠다는 점에서 여전히 원상을 제거하지 못했다. 그런 측면에서 추상을 통해 예술의 자율성에 도달하고자 한 모더니스트들의 전략은 실패로 돌아갔다고 할 수 있다.

모더니즘 미술의 교주처럼 추앙된 클레멘트 그린버그의 형식주의가 실패한 것은 작품에서 모든 문학적인 내용을 제거하고 형식 자체를 내용으로 삼으려 했기 때문이다. 그러한 환원적인 형식주의는 매체의 특성이나 회화의 평면성 자체를 주목하게 하고 추상이라는 틀에 박힌 양식을 양산하게 하였다. 모더니즘의 종말은 자율성의 한계가 아니라 자율성을 편협하게 해석한 그린버그식의 형식주의의 한계다.

예술은 무법으로
독창적인 양식을 생산하는 게임이다.

그렇다면 어떻게 하면 예술이 다른 분야의 삽화에서 완전히 벗어나 자율성을 성취할 수 있을까? 그것은 작품의 독창적인 양식을 위해서 내용이 봉사하게 하면 된다. 이러한 목적을 가능하게 한다면 어떤 내용도 상관이 없다. 그러나 진부한 내용으로 새로운 양식을 만드는 건 어려운 일이다. 그동안 다루지 않은 신선한 내용일 때 독창적인 양식이 나올 확률이 높기에 현대미술은 새로운 사조를 내놓아야 했다. 그때 예술적 성취는 내용을 위한 삽화가 아니라 독창적인 형식을 위한 내용이어야 한다. 이것은 내용이 의미가 없다는 게 아니라 부차적이라는 것이다.

예술의 자율성은 모든 지시 대상을 제거해서 가능한 게 아니라 독창적인 양식을 성취함으로써 가능하다. 예술은 무법으로서 독창적인 양식을 생산하는 게임이다. 무법이라는 건 예술이 어떤 재현론이나 표현론, 형식론 같은 특정 예술론이나 특정 사조로 정의될 수 없다는 것이다. 그것은 불교에서 말하는 '공空'의 개념처럼, 예술작품이 인연화합으로 생산되기에 어떤 고정된 실체가 없다는 것을 의미한다. 예술은 실체가 없으면서 작가의 개성과 시대성과 지역성이 종합되어 독창적인 양식을 낳는다. 독창성은 예술의 이러한 무법의 법을 입증하는 유일한 증거다.

다빈치가 대가인 것은 성서의 내용을 그려서가 아니라 르네상스 정신에 부합한 독창적인 양식으로 후대에 영향을 주었기 때문이다. 뒤샹이 대가인 것도 '레디메이드'라는 독창적인 양식이 후대에 큰 영향을 주었기 때문이다. 그러한 양식이 확산하여 독창성이 불가능하게 되면 다시 해체의 대상이 된다. 이것은 예술의 본질이 어떤 사조나 양식에 있는 게 아니라 독창성에 있다는 걸 의미한다.

이러한 독창성 게임이 인간에게 유의미한 것은 그것이 인간의 주체적인 창조성을 향상시키는 방법이기 때문이다. 그리고 주체적 창조성은 인간의 순수한 본성인 신성과 관련되는 것이기에 예술은 인간의 자아실현을 위한 게임이라고 할 수 있다.

예술 밖의 주제를 다룰 때는
'포지셔닝'을 거쳐야 한다.

따라서 개인의 심리나 사회 혹은 역사 등 예술 밖의 주제를
다룬다고 해서 예술의 자율성을 침해하는 것은 아니다. 예
술의 자율성이 침해되는 것은 예술이 그러한 내용을 위해
서 일방적으로 봉사할 때이다. 이것은 많은 작가가 혼동하
고 있는 지점이며 이것을 이해하기 전에는 좋은 작품이 나
오기 어렵다. 따라서 주제의 내용이 작품의 독창성에 기여
하게 하려는 노력이 필요하다. 이를 위해서는 자신이 선택
한 주제와 관련된 예술 표현의 역사를 살펴야 한다.

　자신의 주제와 유사한 사조가 있는지, 자신의 주제에
부합되는 작가가 있는지, 또 그 작가들의 양식적 특징이 무
엇인지를 살펴야 한다. 이처럼 역사적 전통을 살피는 이유
는 지식을 축적하기 위함이 아니라 자신의 주제로서 독창
적인 양식이 가능한지를 살피기 위함이다.

　이러한 작업을 '포지셔닝'이라 하는데, 포지셔닝을 거
치지 않으면 자신의 양식이 의도치 않게 전통과 중복되거

나 비슷해 보일 가능성이 크다. 대개 예술 밖의 주제를 선택한 작가들이 실패하는 이유는 포지셔닝을 엄격하게 거치지 않았기 때문이다. 만약 포지셔닝 결과 독창적인 양식이 어렵다고 판단되면 주제를 수정할 필요가 있다.

그때 수정의 방향은 독창성의 3요소인 자신의 개성과 시대성, 지역성을 검토하는 것이다. 독창성이 부족하다는 것은 자신의 고유한 개성이 반영되지 않았거나 시대정신의 결여, 혹은 자신이 자란 문화적 정체성을 활용하지 못했기 때문이다. 예술 밖의 주제로 접근할 때는 이처럼 반드시 포지셔닝 작업을 거쳐 주제를 수정하는 과정이 필요하다.

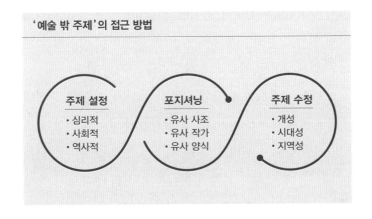

'예술 밖 주제'의 접근 방법

주제 설정	포지셔닝	주제 수정
• 심리적	• 유사 사조	• 개성
• 사회적	• 유사 작가	• 시대성
• 역사적	• 유사 양식	• 지역성

주제를
끝어내는 ———
대가들의 문제의식

역사에 이름을 남긴 대가들의 경우는 대체로 '예술 안의 주제'로 접근하여 진부한 전통의 문제를 해결한 작가들이 많다. 그들은 예술이 독창성을 위한 게임이라는 것을 잘 이해하고, 기존 예술의 경직성을 자유롭게 하는 방식으로 새로움을 확보한다.

그러나 실제로는 프리다 칼로처럼 '예술 밖의 주제'로 접근하는 경우가 더 많다. 그녀는 "죽을 때까지 짊어지고 간 육체의 고통과 리베라의 사랑 앞에서 늘 무너져 내리는 자신을 표현하기 위해" 치열하게 그렸다. 이것은 자신의 극심한 고통을 창작의 불쏘시개로 활용한 예다. 그래서 작품이 비극적인 삶만큼이나 초현실적이었고, 그로 인해서 초현실주의 그룹으로부터 초대를 받았다. 그러나 그녀는 "나는 꿈을 그린 적이 없고, 현실을 그렸을 뿐이다"라며 거절했다.

프리다 칼로의 작품이 감동적인 이유는 자신의 고통을 직시하고 진솔하게 표현했기 때문이다. 이처럼 자전적인 작가들도 결국 독창성의 문제를 해결하지 않으면 역사적 자리매김이 어렵다. 따라서 자신의 주제가 예술 내부의 전통과 어떤 관계에 있는지를 반드시 살피는 포지셔닝을 거쳐야 한다. 전통에 대한 문제의식 없이 독창적인 양식을 끌어내는 건 불가능에 가깝기 때문이다. 나의 문제를 우리의 문제로 확대하고 거기에서 예술에 대한 시대적 편견과 고정관념을 발견하려는 노력이 필요하다.

백신을 만들려면 먼저 바이러스의 정체를 정확하게 파악해야 하듯이, 예술에서도 전통에 대한 정확한 진단이 필요하다. 문제의식이 없거나 별문제가 아닌 것을 문제라고 주장한다면 좋은 작품이 나올 수 없다. 예술의 주제는 절대적인 진리가 아니라 특정 문제에 대한 대안이라는 것을 이해해야 한다.

하나의 사조를 이끈 미술사의 대가들은 명의처럼 굳어진 전통의 문제를 정확하게 진단하고 새로운 시대정신에 부합한 주제를 포착하는 탁월한 능력이 있다. 그들은 어떤 예술 개념도 완전하지 못하고 시대적 편견에 불과하다는 걸 잘 알고 있다.

우리가 대가들을 통해서 배워야 할 것은 어떤 구체적인 양식의 습득이 아니라 전통에서 문제를 찾아내고 주제를 끌어내는 방법이다. 그들은 일단 자신이 선택한 전통을 충분히 이해하고 그 한계와 문제를 찾아낸다. 그리고 그 문제에 대한 유의미한 견해를 주제로 내세운다. 그들에게 주제는 기존의 문제를 해결할 백신과 같은 것이고, 백신의 효과는 향후 영향력으로 입증되고 검증된다.

그러면 미술사를 이끈 각 사조의 거장들이 어떻게 전통에서 문제를 찾아내어 그 대안을 제시했는지를 살펴보자.

1. 프리드리히 (낭만주의)

전통 » 고전주의의 재현미술

문제의식 » 안정된 구도와 명확한 윤곽선으로 대상을 사실적으로 재현하는 고전 예술로는 심오한 내적 세계를 표현할 수 없다.

주제 » 예술은 눈에 보이는 외면이 아니라 상상력으로 본 내면의 세계를 표현해야 한다.

2. 쿠르베 (리얼리즘)

전통 » 고전주의와 낭만주의

문제의식 » 고대의 신들과 이상화된 영웅을 다루는 고전주의나
　　　　 개인의 주관적 감정을 다루는 낭만주의로는 우리가 사
　　　　 는 현실을 담아낼 수 없다.
주제 » 회화는 고상한 관념에서 벗어나 구체적이고 부조리한
　　　 사회 현실을 다루어야 한다.

3. 모네 (인상주의)

전통 » 전통 회화

문제의식 » 지금까지의 회화는 눈으로 직접 본 것을 그린 게 아
　　　　 니라 작업실에서 공상이나 관념을 그린 것이다.

주제 » 회화는 자연에 직접 나가 감각을 통해 들어오는 빛의 변
　　　 화를 생생하게 그려야 한다.

4. 세잔 (후기 인상주의)

전통 » 인상주의

문제의식 » 오직 눈의 감각에만 의존하는 인상주의로는 사물의
　　　　 본질에 도달할 수 없다.

주제 » 화가는 눈과 머리, 즉 감각과 이성을 동시에 사용해서 작
　　　 업해야 한다.

5. 뭉크 (표현주의)

전통 » 고전주의의 재현미술

문제의식 » 외부 세계와의 사실적인 닮음을 추구하는 재현 방식으로는 인간 내면의 진실을 포착할 수 없다.

주제 » 예술은 차가운 이성의 산물이 아니라 한 인간의 뜨거운 열정의 산물이어야 한다.

6. 피카소 (입체주의)

전통 » 원근법과 명암법

문제의식 » 원근법이나 명암법, 그리고 다양한 색채 사용은 오직 시각적인 사실만을 드러낼 뿐이다.

주제 » 회화는 다양한 시점을 종합해서 자신이 아는 것을 그려야 한다.

7. 몬드리안 (신조형주의)

전통 » 사실적인 재현회화

문제의식 » 세상의 무언가를 그대로 묘사하는 재현회화는 사물의 본질과 정신에서 멀리 떨어져 있다.

주제 » 미술은 자연계와 인간계를 체계적으로 소거하여 본질적 요소만 남겨 놓아야 한다.

8. 뒤샹 (다다이즘)

전통 » 기존의 모든 미술

문제의식 » 인간의 이성과 기교를 통해 완성하는 기존의 모든 작품은 죽은 예술이다.

주제 » 예술은 가시적인 생산물이 아니라 우연한 착상이나 아이디어 자체이어야 한다.

9. 달리 (초현실주의)

전통 » 이성적인 예술

문제의식 » 인간의 이성과 논리는 인간을 제한적인 틀에 가두고 자유를 억압한다.

주제 » 그림은 비합리적 상상력과 무의식이 만들어내는 꿈 같은 이미지이어야 한다.

10. 폴록 (추상표현주의)

전통 » 이성적으로 완벽한 작품

문제의식 » 이성적으로 완벽하게 완성하는 작품은 인간의 본능을 통제하고 억압한다.

주제 » 미술은 창조의 결과물이 아니라 본능적 충동을 분출하는 과정 자체이어야 한다.

11. 뒤뷔페 (아르 브뤼, 앵포르멜)

전통 » 이성적 예술

문제의식 » 제도권 교육을 통한 이성적인 예술은 인간의 본능과 창의성을 오히려 말살시켜 왔다.

주제 » 사람들이 비정상적이고 추하다고 생각하는 것들이 실제로는 더 아름다울 수 있다.

12. 프랭크 스텔라 (미니멀리즘)

전통 » 재현미술과 추상미술
문제의식 » 추상미술이라 할지라도 작품이 무언가 외부 세계의 환영을 만들어낸다면 재현에서 자유로울 수 없다.
주제 » 작품이 자기 밖의 아무것도 지시하지 않을 때 완전한 예술의 자율성을 성취할 수 있다.

13. 앤디 워홀 (팝아트)

전통 » 추상표현주의
문제의식 » 현대미술은 작가의 영혼이나 감정을 통해 개성 있는 작품을 만들어야 한다는 강박에 사로잡혀 있다.
주제 » 일상품을 기계처럼 반복하여 표현할 때 산업사회의 상실된 자아정체성을 반영할 수 있다.

14. 요제프 보이스 (개념미술)

전통 » 순수 예술
문제의식 » 견고하게 제작되어 미술관에 수집되기 위한 작품들은 죽은 것이다.
주제 » 예술은 낡은 사회 구조의 억압을 제거할 수 있는 진화적이고 혁신적인 힘이어야 한다.

14. 안젤름 키퍼 (신표현주의)

전통 » 개념미술이나 팝아트

문제의식 » 개념적이고 지적인 미술은 감각을 제거하고 철학으로 나아감으로써 미술의 자율성을 훼손하였다.

주제 » 예술은 광범위한 지식을 바탕으로 세상의 흉터와 삶의 상처를 승화시키는 장이 되어야 한다.

15. 백남준 (비디오아트)

전통 » 기존 미술의 모든 매체

문제의식 » 유화나 조각, 레디메이드 등의 매체로는 새로운 정보사회의 변화를 담아낼 수 없다.

주제 » 콜라주 기법이 유화를 대체한 것처럼, 미래의 정보사회에서는 브라운관이 캔버스를 대체할 수 있다.

창작의
과정과 —————
심상화의 원리

작품의 주제가 어느 정도 잡혔다면 다음 과제는 그것을 적
절한 양식으로 구현하는 일이다. 주제는 개념적이고 이론
적이지만, 양식화는 감각적이고 실천적인 작업이다. 이론
과 실기는 창작에서 사람의 양다리처럼 상보적인 관계에
있다. 이론상으로는 주제가 잡히고 그에 따른 양식이 나올
것 같지만, 실제로는 양식이 앞서 나가고 그에 따른 주제가
정립되기도 한다. 중요한 것은 사람의 두 다리처럼 하나가
다른 하나를 위해 봉사해야 한다는 것이다. 이처럼 상보관
계가 되지 못하고 한 발로 걸으려 한다면 제대로 나아갈 수
가 없다.

창작에서도 중요한 점은 주제와 양식이 따로 놀지 않

고 한 몸을 이루어야 한다는 것이다. 주제가 아무리 좋아도 그것을 구현한 양식이 조형언어로서 기능을 하지 못하면 커뮤니케이션에 문제가 발생한다. 작품의 양식은 어떤 절대적인 조건이 있는 게 아니라 철저하게 주제 내용을 위한 최선의 선택이어야 한다. 작가들은 주제를 조형언어로 옮길 때 세종대왕이 한글을 창제하듯이, 많은 고민과 선택을 필요로 한다. 창작이란 수많은 갈림길에서 작가가 내린 선택의 결과이며, 좋은 작품에는 남의 눈치를 보지 않고 오직 자신의 주제와 신념을 따르려는 작가의 고독한 선택이 있다.

창작은 좌뇌의 개념화와 우뇌의 심상화를 손으로 물질화하는 작업이다.

창작의 과정에서 중요한 건 주제와 양식이 어떻게 일체성을 띨 수 있느냐 하는 점이다. 이를 위해서는 이성적인 좌뇌와 감성적인 우뇌의 협업이 필요하다. 좌뇌는 논리적인 사고로 주제와 개념을 잡는 데 필요하고 우뇌는 그 개념을 이미지로 전환시켜 손으로 출력하는 데 길잡이 역할을 해야 한다.

이때 개념을 이미지로 전환하는 작업을 '심상화imaging'

라고 한다. 창작은 좌뇌의 개념화 작용과 우뇌의 심상화 작용이 연합하여 손의 물질화를 구현하는 것이다. 이때 물질화를 담당하는 손이 좌뇌의 명령에 지배되면 개념적인 작품이 되고, 우뇌의 명령을 따르면 감각적인 작품이 된다. 어쨌든 정도의 차이는 있지만 개념으로 이루어진 주제는 물질로의 양식화를 위해서 심상화 과정이 반드시 필요하다. 알에서 병아리를 부화시키듯이 개념을 이미지로 창조하는 작업이다.

동양 미학의 문인화론은 '사의寫意'라는 개념을 중시한다. 이것은 화가가 그리고자 하는 것이 외부 대상이 아니라 심상이라는 것을 의미한다. 그래서 문인화는 외부 대상을 직접 대상으로 삼은 사실화를 천하게 여겼다.

심상화는 화두처럼
몰입과 집중의 상태에서 이루어진다.

최근 개발된 '미드저니Midjourney' 같은 인공지능 프로그램은 개념적인 언어를 이미지로 바꾸어준다. 이것은 손이 하는 것보다 훨씬 자유롭게 이것저것을 섞어보고 변형하여 마음에 드는 결과물을 얻을 수 있다. 이 과정을 소홀히 하고 일

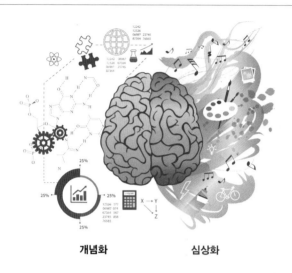

개념화   심상화

단 표현한 후에 수정을 가하면 실패가 많고 원하는 결과물
을 얻기까지 많은 시간이 필요하다.

이 과정을 우뇌에서 심상화를 통해 할 수 있다면 훨씬
효율적인 작업이 될 것이다. 사실 미드저니 같은 인공지능
프로그램도 인간의 뇌를 모델로 한 것이다. 그러나 인간은
인공지능과 달리 잡념이 많고 산만하여 수많은 명령어를
특정한 목적 없이 한꺼번에 입력하기 때문에 원하는 이미
지를 얻기 힘들다. 또 과거에 입력한 정보가 지워지지 않은
상태에서 새로운 명령어를 입력하기에 원하는 심상을 얻지
못할 수 있다.

인간이 인공지능과의 경쟁에서 승리할 수 있는 길은 고도의 집중과 몰입을 통해서 필요한 내용을 이미지화하는 것이다. 이를 위해서는 주제가 명확해야 하고 불교의 화두처럼 일념으로 몰입해야 한다. 화두의 원리는 의심과 일념으로 간절히 참구함으로써 언어를 뛰어넘는 깨달음에 이르는 것이다. 이것은 우뇌에 하나의 명료한 명령어를 입력함으로써 선명한 심상에 도달하는 것이다.

작품은 주제와 사랑을 나눠서 탄생한 자식과 같다.

그처럼 뚜렷한 심상화의 결과를 손의 감각으로 옮기면 주제에 부합된 양식을 얻을 수 있다. 그렇게 탄생한 작품은 작가가 주제와 뜨거운 사랑을 나누어 태어난 자식 같은 존재가 된다. 작가가 어떤 주제를 갖는다는 건 사랑할 대상을 찾는 것이고, 신중하게 선택한 대상과 뜨겁고 깊은 사랑을 해야 자식 같은 작품이 태어난다. 작품은 결국 주제와 사랑의 산물이다.

이 사랑은 먼저 주제와 관련된 자료와 정보를 수집하는 것에서 시작한다. 그러나 그 정도의 정보만으로 심상화가 이루어지지 않는다. 강한 호기심으로 대상을 자나 깨나 생각하다 보면, 자료의 정보로는 알 수 없는 느낌과 이미지가 심상으로 생성된다. 그리고 마음에 잉태한 심상을 자연스럽게 양식화하면 된다. 처음에 주제 설정 단계에서 작품을 낳기까지는 연애 기간이 필요하기에 다소 시간이 소요되지만, 한번 작품이 나오기 시작하면 그때부터는 일관성이 있으면서 다양한 작품들이 쏟아져 나오게 된다.

그러나 타성에 젖어 주제와 영혼 없는 사랑을 하게 되면 작품마다 변화가 없어져 지루해지고 자기 복제가 이루어진다. 이것은 작품에 변화가 필요하다는 신호다. 기존의 주제에 더는 흥미가 일어나지 않는다면 어쩔 수 없이 흥미를 느낄 새로운 주제를 찾아야 한다. 흥미가 없으면 심상화가 불가능하고, 심상화가 안 되면 신선한 작품이 나올 수 없기 때문이다.

인간은 아이를 안 낳아도 살 수 있지만, 작가는 작품을 생산해야 하기에 반드시 사랑의 대상이 있어야 한다. 물론 그 대상(주제)이 건강한 작품을 생산할 수 있는지를 살피는 것은 필수다. 너무 오래된 낡은 주제로는 신선한 작품이 생산되기 어렵기 때문이다.

작업이 지루하고 변주가 어려운 것은
심상화가 안 된다는 증거다.

피카소가 평생에 걸쳐 5만여 점에 달하는 엄청나게 많은 작품을 남길 수 있었던 것은 그의 심상화 능력 덕분이다. 그는 화가의 손이 자신의 심상을 쫓을 때 집중과 몰입이 이루어지고 빠른 시간 안에 원하는 결과를 얻을 수 있다는 것을 누구보다도 잘 이해한 작가다. 심상이 없는 상태에서 작업을 하다 보면 기교에 의존하게 되어 작품이 비슷하게 나온다. 그러면 작업이 재미가 없고 지루해져서 오랫동안 지속할 수가 없다.

그래서 피카소는 "남의 작품을 모방하는 것은 필요하지만, 자기 작품을 모방하는 건 슬픈 일이다"라고 말했다. 심상화가 이루어지면 작업할 때 미친 듯이 몰입하게 되고 일관성이 있으면서도 무한한 변화를 가능하게 한다. 그 변화는 같은 부모에서 나온 자식들에서 느껴지는 자연스러운 변화다. 그렇지 않고 작품이 딱딱해지거나 변주가 어려운 것은 심상화가 약해지고 있다는 결정적인 신호다.

개념화와 심상화가 연합하여 물질화가 이루어지는 것은 예술뿐만 아니라 모든 창조의 원리다. 태초에는 말씀(로고스)이라는 신의 개념이 있고 그에 따른 기운이 뭉치고 모

여 물질이 되는 것이다. 간절한 마음이 담긴 기도가 이루어
지는 것도 이러한 원리다. 기도가 현실에서 이루어지려면
내용에 따른 심상화가 오감으로 생생하게 느껴질 정도로
구체화되어야 한다. 그러면 내용에 접합한 파동의 다발을
형성하여 입자화됨으로써 물질화가 이루어지는 것이다.

그런 측면에서 창작은 간절한 기도를 통한 심상화의
결과라고 할 수 있다. 이때 심상은 공허한 환상이 아니라
물질의 전 단계로서 물질화를 가능하게 하는 '시뮬라크르
simulacre'다. 이처럼 작품이 자신이 설정한 주제를 심상화한
시뮬라크르의 산물이 될 때 모방이라는 반칙을 범하지 않
고 독창적인 작품을 낳을 수 있다.

자기 양식을
위한 ─── 절차와 단계

우리는 누구나 근사한 자기 집을 갖기를 원한다. 그러나 금수저가 아닌 이상 처음에는 월세와 전세를 전전하다가 각고의 노력 끝에 힘들게 집을 갖게 된다. 우리가 좋은 터를 잡아 자신이 원하는 대로 설계한 집에 살고 싶어하듯이, 모든 작가의 꿈은 자기 양식을 갖는 것이다. 그렇다면 이러한 꿈을 위해서 작가들에게는 어떤 과정이 필요할까?

예술에서 작가가 자기 양식을 갖는다는 건 자기 집을 갖는 과정과 유사하다. 우리가 집을 지으려면 먼저 마음에 드는 지역을 골라야 한다. 전원주택을 원하면 시골이 될 것이고, 생활의 편리를 원한다면 도시가 될 것이다. 또 풍광을 좋아하는 사람이라면 산자락이나 바닷가가 될 수도 있다.

예술에서 지역설정은 자신이 좋아하는 분야를 선택하는 것이다. 내가 풍경화를 좋아하는지 인물화를 좋아하는지, 혹은 정물화나 풍속화, 문인화, 산수화, 추상화. 탈장르화 중 어느 쪽을 선호하는지 선택할 수 있다. 이때 내가 잘하는 것과 원하는 게 일치하지 않을 경우도 있다. 잘한다는 것은 어떤 우연한 기회로 깨달았을 수 있기 때문이다. 그리고 아직 잘하지는 못하지만, 기회가 제공된다면 잠재되어 있던 능력이 발휘되기도 한다. 그래서 자신의 취향을 확정적으로 단정하기보다는 잠재된 가능성을 항상 열어두어야 한다.

자기 양식을 갖는다는 것은
자기 집을 짓는 작업과 같다.

살고 싶은 지역이 결정되었다면, 다음에 좀 더 구체적으로 경제력이나 목적에 따라서 동네를 결정해야 한다. 이미 개발이 끝난 대도시를 선택하면 빈 땅을 찾기가 어렵고 이미 가격이 올라 있어서 경제적인 부담이 크다. 그러면 자기 집을 짓기 어렵고 전세나 월세로 남의 집을 빌려 살아야 한다. 또 너무 개발이 안 된 곳을 선택하면, 생활이 너무 불편하고 평생 집의 가치가 오르지 않을 수도 있다. 가장 이상적인 것은 현재는 저평가 상태지만, 머지않아 가치가 오를 곳을 발견하는 것이다.

이처럼 건축에서 원하는 동네를 고르는 건 창작에서 원하는 사조를 고르는 작업과 같다. 예술사를 보면 인상주의나 표현주의, 초현실주의, 개념주의 등 각각 비슷한 이념을 가진 작가들이 같은 동네에 모여 산다. 따라서 자신이 좋아하는 사조를 선택하는 것은, 어느 정도 큰 방향이 결정되는 것이기에 신중해야 한다. 만약 고전주의처럼 너무 오래된 사조를 선택하면 이미 너무 많은 작가가 포진되어 있어서 그들과 차별화가 어렵다. 최근에 나온 사조일수록 작가의 수가 적기 때문에 다른 작가와의 차별화가 쉽지만, 아직 보급이 안 되어서 대중과의 소통이 어려울 수 있다.

가장 이상적인 경우는 아직 사조로 정립되지 않았지만, 머지않아서 크게 유행하게 될 미래의 사조를 선택하는 일이다. 미술사에 살아남은 대가들은 이것을 해낸 작가들이다. 이 경우에는 위험부담이 크지만, 이후 추종자들이 많아지면서 지대한 영향력을 발휘하게 된다.

집 지을 적당한 동네가 결정되었다면 다음에 빈 땅이 있는지를 찾아야 한다. 만약 빈 땅이 없으면 낡은 집을 사서 부수고 재건축하면 된다. 이처럼 빈 땅을 찾는 작업을 창작에서는 '포지셔닝'이라고 한다. 이것은 다른 작가들과 비교를 통해서 차별화의 가능성을 탐색하는 일이다.

내가 하고 싶은 것을 다른 작가들이 이미 다 해버렸다면 중복되기 때문에 독창성이 불가능하다. 이미 지어진 남의 집을 부수고 다시 지을 수 없다면 다른 땅을 찾아야 한다. 이처럼 포지셔닝 과정을 거치지 않으면 의도치 않게 표절이 될 수도 있다.

창작의 절차를 무시하면
치명적인 결함이 생길 수 있다.

집을 지을 공터까지가 성공적으로 확보되었다면, 다음에는 자신의 취향대로 설계에 들어가야 한다. 설계 단계에서는 기존 집들의 문제점을 보완하고 지형과 목적, 취향 등이 종합적으로 반영되어야 원하는 집을 얻을 수 있다. 창작에서 설계는 작업의 주제를 구체적으로 개념화하는 일이다. 주제에는 반드시 전통에 대한 문제의식과 자신의 비전이 담겨 있어야 한다.

설계까지 잘되었다면 이제 시공하는 일만 남았다. 시공에서 선택할 일은 설계에 따라 어떤 재료를 사용할 것인

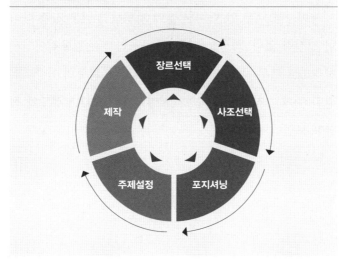

지, 또 어떤 공법으로 지을지 등을 결정해야 한다. 창작에서는 개념에 부합된 재료와 조형언어를 만들어내는 일이다.

건축에서 집을 한 채 짓기 위해 이처럼 많은 절차와 단계를 거치듯이, 창작에서도 이러한 과정이 필요하다. 이 절차를 무시하면 치명적인 결함이 생길 수 있기 때문이다.

이렇게 지은 집도 막상 지어보면 아쉬운 부분이 있고, 또 시간이 지나다 보면 지루해지고 이사하고 싶은 충동이 일어난다. 그러면 다시 지역선정에서부터 다시 진행하면 된다. 작품도 생활 환경이 바뀌고 시간이 지나면 바꾸고 싶은 충동이 생긴다. 그러면 다시 [장르선택→사조선택→포지셔닝

→주제설정→제작]의 과정을 차례로 밟으면 된다.

이사를 너무 안 다니면 삶이 지루하고 너무 자주 다니면 정신이 없다. 화풍도 너무 안 바뀌면 천편일률적이어서 지루하고 너무 자주 바뀌어도 혼란스럽다. 화풍의 이상적인 변화 주기는 작가마다 다르겠지만 대략 한 10년 정도가 적당해 보인다.

미학
미술사
—————— 활용하기

프로 작가는 이미 개발된 명소를 편안하게 가이드를 따라 다니는 관광객이 아니라 위험을 무릅쓰고 남이 가지 않는 미지의 명소를 발견하려는 등반가와 같다. 그들이 험난한 등반에 성공하기 위해서는 외롭고 고독한 여정을 피할 수 없다. 오히려 남의 도움이 불가능한 절체절명의 순간 진짜 등반이 시작된다. 작가들도 처음에는 누군가의 도움과 영향을 받게 되지만, 거기에서 벗어나 아무도 하지 않은 모험과 실험을 거쳐야 독창적인 자기 양식이 나올 수 있다.

이처럼 험난한 등반에 성공하기 위해서는 먼저 그곳에 관한 기본적인 정보가 필요하다. 가령 에베레스트산을 등반하고자 한다면 그곳의 산세와 기후, 그리고 정상으로 가는 길에 대한 종합적인 정보를 알아야 한다. 역사에 발자취를 남긴 대가들이 성공할 수 있었던 요인은 이처럼 남이 가보지 못한 미지의 장소를 많은 사람이 찾는 명소로 만들었기 때문이다. 미지의 장소가 모두 의미 있는 것이 아니라 멋진 명소를 찾는 게 중요하고, 그럴 때 영향력을 발휘할 수 있다.

미학은 목적지에 관한 정보이고
미술사는 길에 관한 정보다.

작가들에게 미학과 미술사는 학문을 위한 학문이 아니라 창작에 필요한 정보를 얻는 수단으로 활용되어야 한다. 미학은 목적지에 대한 종합적인 정보를 알게 해주고, 미술사는 그곳에 도달하기 위해 이미 개발된 길에 관한 정보를 알려준다는 점에서 활용 가치가 높다. 한마디로 미학은 목적에 관한 정보이고, 미술사는 수단에 관한 정보다. 우리는 모든 정보를 동원하여 우리 앞을 가로막고 있는 험난한 산맥을 넘어야 한다.

미학은 시대정신과의 관련 속에서 우리 앞을 가로막고 있는 산이 어떤 가치가 있는지를 알게 해준다. 무언가를 이루고자 하는 뜨거운 열정은 그것의 가치를 알 때 일어난다. 미술사를 보면 어느 작가가 어떤 양식으로 그 길을 닦았는지를 알 수 있다.

우리는 그들의 노고에 감사하며 길이 있는 곳은 그들이 닦아놓은 길을 활용하여 힘을 빼지 말고 쉽게 올라야 한다. 어떤 작가들은 길이 나 있는 줄도 모르고 숲길을 헤쳐 베이스캠프까지 오르다가 지쳐서 등반을 끝내는 경우도 있다. 그러나 정보가 풍부한 작가들은 베이스캠프부터가 진짜 등반이라는 사실을 잘 숙지하고 있다.

창작에 임하는 모든 작가의 공통된 목표는 미지의 명소를 발견하는 것이다. 이를 위해서는 그동안 정복되거나 정복 중인 산에 관한 현황을 한눈에 파악할 수 있는 '미학 미술사 지도'가 필요하다. 지도는 실제를 그대로 옮긴 게 아니라 실제를 단순하게 압축한 것이기에 그린 사람의 관점이나 주관에 따라 달리 그려질 수밖에 없다. 따라서 자기가 원하는 지도를 확보하고 스스로 보완하는 노력이 필요하다.

여기서 내가 제공해 주고자 하는 지도는 고전(프리모던)과 모던, 포스트모던이 세 개의 산으로 되어 있다. 여기서 산의 차이는 추구하는 미학적 패러다임이 다르다는 것을 의미하고, 길이 다르다는 것은 그곳에 도달하는 방법이 다르다는 것을 의미한다.

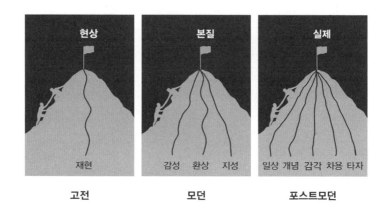

고전주의 미학은 가시적인
'현상' 세계를 정복하는 것이다.

작가들은 이러한 목적지와 길에 관한 정보를 충분히 숙지하고 먼저 어느 산을 등반할 것인지를 결정해야 한다. 아직 훈련이 덜 된 작가라면 길이 잘 닦인 고전의 산을 선택할 수 있다. 이 산의 미학적 목적은 현상 세계를 정복하는 것이다. 그것은 중세 기독교적인 신 중심의 세계관에서 벗어나려는 르네상스의 시대정신이었다. 그래서 눈으로 볼 수 있는 현상 세계를 '재현'하기 위한 원근법이나 명암법을 개발했다.

이러한 고전주의 미학은 16세기 무렵 다빈치, 미켈란젤로, 라파엘로, 뒤러 같은 작가들에 의해 정상이 정복된다. 이후 17~18세기는 하산의 과정에서 사실적 재현에서 약간 변형된 매너리즘과 바로크, 로코코 미술이 등장하게 된다. 가시적인 현상 세계를 정복하는 길은 사실적인 환영을 만들어내는 재현이 유일한 방법이었지만, 19세기 후반 카메라의 보급으로 흔들리게 된다.

그림보다 기계가 재현에 유리하다는 게 밝혀지자 화가들은 예술의 자율성을 질문하며 고전의 산을 떠나 새로운 미지의 산을 찾아 나섰다. 그래서 19세기 초 신고전주의를 끝으로 재현의 산은 일반 관광객만 득실거리는 유명 관광지로 변하면서 고전주의 패러다임이 막을 내리게 된다.

모더니즘 미학은 비가시적인 '본질' 세계를 정복하는 것이다.

20세기 들어 본격화된 모더니즘의 미학은 눈에 보이는 현상 세계 대신 그 이면에 작동하는 보이지 않는 본질을 드러내는 것이었다. 이것은 플라톤이 말한 이데아의 세계로서 진부한 재현에서 벗어나 새로운 양식들을 생산할 미학적 방향이 되었다. 그래서 19세기 후반부터 작가들은 카메라로 포착할 수 없는 비가시적인 본질 세계를 정복하기 위한 다양한 방법들을 내놓게 된다.

그중에서 인간의 '감성'은 시각적인 한계를 뛰어넘는 하나의 방법이 되었다. 고전주의에서 시각이 좌뇌의 분석적인 이성 능력과 관련이 있다면, 감성은 우뇌를 통해 분석할 수 없는 미시적인 세계를 포착했기에 낭만주의나 인상주의, 표현주의가 나오게 된 것이다. 낭만주의는 자연을 지적으로 정복하려는 오만한 태도를 내려놓고 자연의 숭고한 힘을 수동적으로 받아들이고자 했다. 그리고 인상주의는 자연에서 시간 속에 시시각각으로 변하는 빛의 파장과 순간적인 인상을 포착하고자 했다면, 표현주의는 외부의 자극이 자아내는 인간 내면의 주관적 감정을 표현하고자 했다.

본질에 접근하는 또 다른 길로서 '환상'은 프로이트의 정신분석에 미학적 토대를 두고 있다. 환상이란, 주체가 트라우마에 의해 심리적 억압이 있을 때 왜곡된 이미지로 무의식적인 소망을 충족하고자 하면서 생기는 이미지다. 현상이 외면적 실재라면 환상은 내면적 실재로서의 리얼리티라고 할 수 있다. 이처럼 내적 진실을 추구하는 '환상적 리얼리즘'은 20세기 전후 세기말적 분위기와 이성적 예술의 한계를 극복하고자 했던 상징주의나 초현실주의 작가들에게 새로운 등반로를 제공했다.

이들과 달리 본질을 향한 '지성'의 길은 현상세계에 집착했던 과거 고전주의와 다르게 기하학이나 신비한 세계를 지적으로 접근한 신지학을 미학으로 채택했다. 미술사에서는 입체주의를 계승한 신조형주의나 절대주의가 이에 해당하며 재현적 요소를 완전히 제거한 미니멀리즘에 이르러 고지를 정복하게 된다.

이처럼 모더니즘의 본질 추구는 현상계를 표피적으로 재현하는 방식에서 벗어나 눈으로 볼 수 없는 존재의 심층적 내면을 탐구하게 되었다는 점에서 새로운 돌파구가 되었다. 그러나 역동적인 본질을 고정하여 붙잡고자 했을 때 그것이 거대 담론과 이데올로기가 되어 폭력을 정당화하는 근본주의적 부작용이 생겨났다. 이러한 부작용은 포스트모던을 새로운 시대정신으로 요청하는 계기가 되었다.

포스트모더니즘 미학은 '실제' 현실에서 이상을 발견하는 것이다.

포스트모던의 미학은 모던의 관념적인 본질 추구가 재현을 제거하고 추상화되면서 삶과의 괴리를 가져왔기에 실제

삶 속에서 미학적 이상을 추구하게 된다. 라캉이 말하는 철학적 개념으로서 '실재The Real'는 심리적인 상상계나 언어로 매개되는 상징계 밖에 있기에 표현 불가능한 것이다. 그러나 예술은 기본적으로 표현으로 존재하기에 이러한 포스트모던 예술은 실재 개념을 '실제'로 표현하고자 했다. 여기서 '실제實際'의 '제'는 언덕에서 제사 지낸다는 의미다. 따라서 내가 사용하는 포스트모던의 미학적 개념으로서 '실제'는 신비한 본질적 세계를 삶 속에서 체험하고 드러내는 것이다.

포스트모던 미술은 이러한 미학에 도달하기 위해 다양한 길을 모색하고 있다. 그 첫 번째 길은 '일상'이다. 모더니즘에서 일상은 제거의 대상이지만, 팝아트는 이를 뒤집어 일상을 미학화했다. 팝아트의 미학은 선불교적인데, 스즈키 다이세츠는 선禪이란 "기이하거나 신비한 게 아니라 삶이 흘러가는 모습 그대로 포착하는 것이다"라고 말했다. 이런 사상을 존 케이지가 받아들여 일상적 소리를 음악화했고, 라우센버그나 워홀 같은 작가들이 세상을 거대한 작품으로 만들고자 하면서 팝아트가 등장했다.

포스트모던의 두 번째 길은 '개념'이다. 헤겔의 역사철학을 계승한 단토는 예술의 본질은 어떤 양식이 아니라 인간의 정신작용으로서 아이디어 자체라고 주장한다. 이를 따르면 개념적 아이디어만 있으면 일상에서 행하는 모든 것이 다 예술이 될 수 있기에 다원주의가 된다. 플럭서스 운동이나 개념미술, 대지예술 등은 이러한 미학을 따른 것이다.

포스트모던의 세 번째 길은 '감각'이다. 니체의 욕망이론과 베르그송의 생명철학을 종합한 들뢰즈의 감각 개념은 주체와 객체의 이분법적 분리를 통합하는 것이다. 그것은 인간의 신경 시스템을 재정비하여 동일성과 습관적 형식의 무거움에서 해방시키는 강력한 무기가 된다. 감각을 통해 주관적 감정이나 객관적 인식에서 벗어나 찰나의 한순간이 지속되는 자율성을 확보할 수 있기 때문이다. 미술사에서 1980년대 이후 유행하고 있는 신표현주의나 트랜스아방가르드, 그리고 신라이프치히 화파 등은 이러한 감각의 미학을 따르고 있다.

포스트모던의 네 번째 길은 '차용'이다. 롤랑 바르트 같은 구조주의자들은 예술에서 저자는 글쓰기의 근원이 아니라 다양한 문화에서 비롯된 글들을 배합하고 조립하는 텍스트의 조작자라고 주장한다. 그렇게 보면 텍스트로서의 작품은 하나의 고정된 메시지를 갖고 있는게 아니라 독자에 의해서 의미가 재생산되고 재창조되는 무한히 열린 의미망이다. 이와 같은 미학에 동조한 차용 미술은 사진이나 광고, 혹은 다른 작가의 작품까지 서슴없이 빌려와 원래 창조는 빌려오는 것임을 주장한다. 이것은 제임슨이 말한 정신분열증적인 혼성모방을 유행하게 했다.

포스트모던의 다섯 번째 길은 '타자'이다. 타자 철학은 근대의 주체 철학이 나라는 주체를 인식의 중심에 놓고 타자들을 나를 위한 동일시의 대상으로 간주해서 생긴 부작용을 공략한다. 그 대표적인 예로 모던의 기획을 거대서사로 간주한 리오타르는 "초월적 환상에서 비롯된 통일적인 총체화의 요구가 전체주의적 폭력과 테러를 낳았다"고 비판한다. 그에 비해 레비나스는 타자를 신의 현현으로 간주하고 사회적 약자인 타자를 섬기고 환대할 윤리적인 의무가 있다고 주장한다. 이러한 타자의 미학은 남성 중심주의에 억압된 여성성을 주장하는 페미니즘이나 성소수자들의 퀴어아트, 그리고 국제무대에서 소외된 식민지 예술이나 유목민으로 떠도는 제3세계 작가들의 작품이 여기에 해당한다.

이 밖에도 오솔길이 많고, 지도를 그린 사람마다 차이가 있겠지만, 일단 대략적인 큰 흐름을 파악하는 것이 필요하다. 그래야 내가 어느 산을 오를지, 그리고 어느 길을 선택할지를 결정할 수가 있기 때문이다. 그렇지 않고 뚜렷한 목적 없이 산을 오르고 있는지 내려오고 있는지도 모른 채

이 산 저 산을 왔다 갔다 하다 보면 미지의 명소는커녕 관광만 다니다가 끝나기 쉽다.

레퍼런스
─── 활용하기

과거 집안에 화장실이 없던 시절에는 밤에 방안에서 소변을 해결할 수 있도록 요강을 두었다. 그러나 집안에 화장실을 두고 수세식 변기를 사용하면서부터는 요강이 사라졌다. 그것은 디자인이나 품질의 문제가 아니라 생활에서 필요성이 없어졌기 때문이다. 이처럼 굳어진 전통은 시대 상황이 변하면 사라지기 마련이지만, 일부 전통은 나중에 부활하여 재유행하기도 한다.

예술에서도 과거의 전통이 시대적 필요에 따라 레퍼런스로 활용되는데, 이때 문제 되는 것은 표절이다. 논문에서는 레퍼런스의 출처를 분명히 밝히게 함으로써 표절을 방지하고 있지만, 예술에서는 그런 의무가 없어서 레퍼런스를 종종 표절의 수단으로 이용하기도 한다.

대개 자기주장과 독창성이 약한 작가들은 레퍼런스를 교묘하게 감추고 자기 것처럼 포장하려는 경향이 있다. 그러나 이러한 기교에 익숙해지면 자신의 약점을 교묘히 감추고 자신마저 속이게 되기에 좋은 작가가 될 수 없다. 이와 달리 자기 세계가 분명한 대가들은 레퍼런스를 당당하게 밝힘으로써 전통과의 영향관계를 숨기지 않는다.

순환하는 세계에서 전통은 재해석의 대상이다.

20세기 가장 혁신적인 작가 중 한 사람으로 평가되는 피카소는 작품의 레퍼런스를 아프리카 흑인 조각에서 가져왔다. 입체주의 미술의 출발을 알린 그의 유명한 걸작 〈아비뇽의 처녀들〉은 서아프리카 말리의 도곤족이나 가봉의 팡족의 조각에서 영감을 받은 것이다.

인간의 영혼이나 동식물의 정령에 대한 믿음이 강했던 아프리카인들은 대상을 단순화하여 내면의 정신성을 포착하고자 했다. 이러한 아프리카 조각의 특징은 당시 진부한 재현미술에서 벗어나고자 했던 피카소나 마티스 같은 현대

피카소에게 영감을 준
아프리가 팡족의 가면 조각

작가들에게 훌륭한 레퍼런스가 되었다.

이처럼 과거의 문화적 전통이 오랜 시간이 지나 다시 레퍼런스로 활용되는 이유는 모든 게 자연처럼 순환하기 때문이다. 자연에서 사계절과 밤낮이 순환하듯이, 인간의 문화도 동일한 반복은 아닐지라도 순환하는 패턴이 있다. 우리가 과거의 전통을 마냥 소홀히 해서는 안 되는 이유는 그것들이 다시 새로운 시대의 요청에 따라 참조될 수 있기 때문이다.

한국인의 사랑을 받는 국민 작가 박수근도 한국의 고대 문화에서 레퍼런스를 가져와 현대적인 미감으로 승화시켰다. 그는 갈수록 도시화되고 삭막해진 현대사회에 저항하여 "평범한 인간의 따스한 '정情'"을 작품의 주제로 삼았다. 그래서 욕심 없이 평범하게 살아가는 주변 사람들을 소재로 인간 본연의 휴머니즘을 회화로 표현하고자 했다.

그런 그에게 결정적인 레퍼런스를 제공한 것은 고대 신라인들이 화강암에 새겨놓은 마애석불이다. 경주 남산에 가면 오랜 풍화로 우툴두툴한 화강암에 단순한 선묘로 새겨놓은 석불들이 즐비하다. 그는 이러한 "한국의 옛 석불에서 말할 수 없는 아름다움의 원천을 느끼며 조형화에 도입하고자 노력했다".

이를 위해 그는 서양화의 재료인 유화를 사용하면서도

박수근이 레퍼런스로 가져온
신라 시대 마애석불

마른 물감을 여러 겹 덧칠해서 화강암 같은 질감을 만들어 냈다. 그리고 바위에 새긴 마애불상처럼 단순한 형태로 평범한 사람들의 정겨운 모습을 담아냈다. 이렇게 그는 평면성을 중시하는 현대회화의 특성과 전통을 종합하여 독창적인 양식을 끌어낼 수 있었다.

박수근과 함께 한국 현대미술을 대변하는 이중섭이나 김환기도 한국의 문화적 전통을 레퍼런스로 가져와 이를 현대미술로 전환한 작가들이다. 어려서부터 고향에서 고구려 벽화를 보고 자란 이중섭은 동물들을 역동적이고 힘찬 필선으로 그린 사신도 벽화에서 영감을 받아 자신의 표현주의적 화풍을 일구어냈다. 또 조선 시대 백자 달항아리의 미감에 매료된 김환기는 여기에서 추상 정신을 발견하고 이를 현대회화로 풀어냈다. 이들은 공통적으로 서양화로 출발했음에도 한국의 문화적 전통에서 레퍼런스를 가져오는 전략으로 서양과 차별화하고 독창성을 끌어낼 수 있었다.

오마주는 긍정적인 레퍼런스이고, 패러디는 부정적인 레퍼런스이다.

이처럼 오래된 과거의 전통문화에서 레퍼런스를 가져와 그것을 현대적으로 재해석한 경우는 표절의 염려가 전혀 없다. 전통을 새롭게 재해석하는 과정에서 작가의 의도가 충분히 반영되기 때문이다. 그러나 같은 장르의 다른 작가의 양식을 레퍼런스로 삼을 경우는 표절을 의심받을 수 있기에 각별한 주의가 필요하다.

이때는 자신이 영향을 받은 작가나 작품을 언급하고 그 의도가 오마주인지 패러디인지를 밝혀야 한다. 오마주는 다른 작가의 작품에 대해 존경의 마음이 담긴 긍정적인 레퍼런스이고, 패러디는 비판과 조롱이 담긴 부정적인 레퍼런스다.

가령 로스코의 색면 추상은 선배 작가인 마티스의 작품을 오마주의 방식으로 레퍼런스한 것이다. 마티스는 "현대미술이란 색채로 마음을 가라앉히고 즐거움을 펼쳐 보이는 것"이라고 주장했다. 로스코는 이러한 마티스의 생각에 전적으로 공감하고 이를 극적으로 보여주기 위해서 재현의 잔재를 완전히 제거하고 단 두세 개의 색면으로 그림을 완성했다. 이처럼 완전히 추상화된 그의 작품은 조형적으로 마티스의 작품과 어느 정도 차별성을 확보할 수 있었다. 그러나 미학적으로 마티스의 영향이 짙게 반영된 결과이기에 그는 작품에 〈마티스에 대한 오마주〉(1954)라는 제목을 붙이기도 했다.

그런가 하면 전통미술에 대한 부정적인 생각을 가졌던 뒤샹은 다빈치의 작품 〈모나리자〉 엽서에 콧수염을 장난하듯이 그려 넣었다. 이것은 전통을 패러디의 방식으로 레퍼런스한 것이다. 패러디는 권위적인 전통에 대한 조롱과 냉소적 비판이 목적이며, 위장된 진실의 허구를 깨뜨리고자 하는 저항 의식의 산물이다. 패러디는 먼저 원작을 충분히 이해하고 한계를 알고 있어야 가능하다. 그러면 그것에 대한 저항의 의도가 확연히 드러나기에 표절에서 자유로울 수 있다.

'혼성모방'은 포스트모던 예술의 주요 전략이다.

오늘날 포스트모던 예술에서 유행처럼 확산한 '혼성모방 pastishe'은 출처가 다른 여러 레퍼런스를 융합해서 하나의 완성품으로 제시하는 방법이다. 이처럼 수없이 많은 중심으로부터 도출된 인용들의 조직체를 롤랑 바르트는 '텍스트'라고 부른다. 그에 의하면, 텍스트는 "인용부호 없는 인용이고 복수적이고 기원을 찾을 수 없는 악마적인 짜임"이다. 혼성모방으로 이루어진 텍스트로서의 작품은 하나의 고정된

의미를 생산하는 고전적 작품과 달리 무한한 의미를 생산하는 포스트모던 예술의 주요 전략이다.

또 프레드릭 제임슨은 패스티시를 어떤 일정한 목표나 확고한 참조점이 없기에 "유머 감각을 잃은 공허한 패러디"라고 주장한다. 그는 이러한 혼성모방 현상을 미디어의 정보적 기능으로 개인의 자율적 주체를 상실한 오늘날 후기 자본주의 시대의 정신분열증적인 특징이라고 분석한다. 그것은 모더니즘을 가능하게 했던 자아의 경험이나 이데올로기가 종말을 고한 이후에 작가들이 더는 새로운 창조가 불가능하게 되었기에 나타나는 현상이다. 그래서 죽은 과거의 양식을 특별한 목적 없이 레퍼런스로 가져오게 되었다는 것이다.

표절과 창작의 기준은 작가의 의도에 달려 있다.

이러한 혼성모방의 대표적인 예로는 데이비드 살레를 들 수 있다. 그는 하나의 화면을 여러 개로 나누어 서로 연관 없는 여러 이미지를 레퍼런스로 가져와 마구 뒤섞어 놓는다. 구상이지만 일관된 해석이 전혀 불가능한 그의 작품은 많은 일이 동시다발적으로 일어나고 있는 현대인의 파편적이고 정신없는 삶을 은유하는 듯하다.

오늘날 동시대미술은 레퍼런스를 대중 잡지나 상업광고로 확대하여 고급문화와 저급문화의 분류방식을 해체하는 전략으로 이용하기도 한다. 잡지사 편집 디자이너로 일한 경험이 있는 바바라 크루거는 옛날 잡지나 사진 도감의 이미지를 레퍼런스로 가져와 광고처럼 그 위에 재치 있는 문구를 삽입했다. 그리고 리처드 프린스는 담배 광고인 말보로맨의 사진을 재촬영하여 복제를 복제하는 오늘날의 문화를 풍자했다.

심지어 세리 레빈은 다큐멘터리 사진작가인 워커 에번스의 작품을 재촬영하여 작품의 소유권이 자신에게 있다고 주장하기도 했다. 그리고는 "워커 에번스도 신이 만든 피조물을 복제한 사진작가일 뿐이다"라고 주장하며 원본과 복제 사이의 분류방식에 문제를 제기했다.

이처럼 창조의 신화가 사라진 포스트모던 예술에서 다양한 레퍼런스를 뒤섞는 혼성모방은 창작의 중요한 방식이 되고 있다. 이제 아무도 레퍼런스 자체를 문제 삼지 않는다. 그러나 여전히 중요한 것은 레퍼런스를 통해서 전하고자 하는 작가의 의도이다. 그것은 철저하게 작품의 주제와 관련 속에서 논의되어야 한다.

남의 작품 일부를 은근슬쩍 가져와 약간의 변형을 가하는 것은 표절을 의심받을 수 있다. 그러나 세리 레빈처럼 남의 사진을 자연을 사진 찍듯이 촬영하여 원본과 복제 사이의 철학적 질문을 던지고자 하는 확실한 의도가 있다면 이야기가 달라진다. 그 경우에는 작품과 레퍼런스의 조형적인 차이가 없어도 창작물로 간주할 수 있는 것이다. 이처럼 오늘날 민감한 문제로 대두된 표절과 창작의 기준은 조형적 유사성보다 작가의 의도가 더 중요한 근거가 된다.

창조적 인간으로 살아가기

5장

무엇이 문제인가

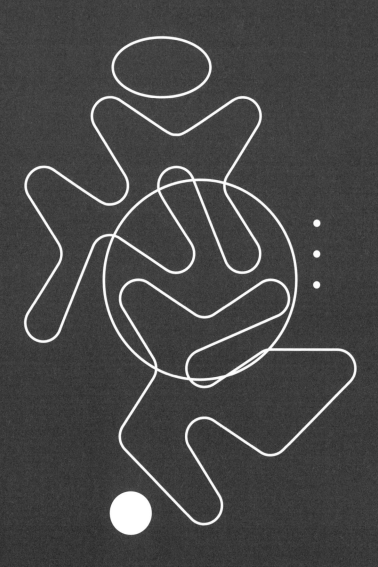

작품의
—— 자가검진 —— 방법

우리 몸에 어딘가 문제가 생기면 먼저 어디에서 무엇이 문제인지를 찾아내야 치료할 수 있다. 코로나바이러스를 극복하는 데 자가검진 키트가 중요한 역할을 했듯이, 창작에서도 자신의 작업이 무언가 잘못되고 있다면 무엇이 문제인지를 스스로 파악할 수 있어야 보완이 가능하다. 모든 처방은 우선 정확한 진단에서부터 시작되기 때문이다.

우리 몸의 병을 진단할 때는 우선 내과적 문제인지 외과적 문제인지 혹은 정신의 문제인지를 알아야 적합한 병원을 찾아 치료를 받을 수 있다. 작품의 구조도 소재와 주제, 그리고 양식으로 이루어져 있기에 이렇게 항목별로 분석하는 것은 문제의 원인을 좀 더 구체적으로 파악하는 데 도움이 된다. 작품에서 소재와 주제와 양식은 서로 긴밀하게 유기적으로 연결되어 있지만, 문제를 찾을 때는 분석적으로 접근해야 한다.

소재에는 작가의 특별한 체험이 담겨야 한다.

먼저 작품의 소재가 잘 잡혔는지를 확인하려면 자신의 체험을 통해 특별한 의미가 부여되었는지를 살펴야 한다. 만약 김창열의 작품에서 물방울이 일반인이 생각하는 물방울과 같은 지시의미를 갖는다면 예술작품이 될 수 없을 것이다. 일상의 평범한 소재가 심오한 예술의 주제로 발전하려면 반드시 작가의 특별한 체험이 동반되어야 한다.

일례로 요제프 보이스는 제2차 세계대전 당시 독일 나치 군단 공군 조종사로 참전하여 러시아 크림반도 상공에서 추락했다. 얼어 죽기 직전 그를 발견한 타타르족은 그의 몸에 동물의 기름 덩어리를 발라 응급 처치하고 펠트 담요로 몸을 감싸서 썰매에 태워 극적으로 살려냈다. 이 일화는 과장되었다는 설도 있지만, 그는 자신을 살린 펠트 담요와 동물성 기름, 썰매 등을 작품의 소재로 적극적으로 활용했다.

창조적 인간으로 살아가기

그의 이러한 체험이 있었기에 그가 작품의 소재로 사용한 지방 덩어리나 펠트 천은 실용적인 지시의미가 아니라 '생명의 유동적인 변화'라는 상징의미를 갖게 된 것이다. 그리고 이를 통해 "사회를 치유하고 개선한다면 모든 게 예술이고, 모두가 예술가다"라는 주제를 끌어냈다.

이처럼 자신의 체험이 담긴 소재는 주제로 발전하여 그와 관련된 다양한 소재를 찾아낼 수 있다. 그러나 자신의 특별한 체험이 없는 소재는 예술적 주제로 발전하기 힘들다. 다른 소재로의 변주가 어렵기에 소재에 갇히게 된다. 이것은 작가가 삶의 체험을 중시해야 하는 이유다. 세계를 항상 새롭게 바라보고 자신이 경험하는 삶에서 특별한 의미를 찾으려고 노력할 때 좋은 소재를 발견할 수 있다. 좋은 소재는 멀리 있는 게 아니라 항상 가까이에 있다는 것을 염두에 둬야 한다.

주제에는 절실한 문제의식과
바람이 담겨야 한다.

작품의 주제가 잘 잡혔는지를 확인하려면 그것이 자신의 절실한 문제의식을 통해서 나온 것인지 아니면 남에게 작품을 설명하기 위해 억지로 만든 것인지를 확인해야 한다. 어느 분야나 전문가가 되려면 자기 분야의 문제를 정확하게 진단하고 처방할 수 있어야 한다.

예술의 주제는 당연하고 상식적인 이야기가 아니라 백신처럼 어떤 특별한 문제에 관한 대안이어야 한다. 창작은 한마디로 문제해결 능력이고, 작품의 주제에는 무엇을 어떻게 변화시키고자 하는지가 분명해야 한다. 여기서 '무엇'은 문제이고, '어떻게'는 대안이다. 그리고 문제가 과거의 것이 아니라 우리가 직면한 동시대의 문제일 때 시사성 있는 주제가 될 수 있다.

문제의식이 강한 주제는 그에 따른 신념과 바람도 강하게 담기게 된다. 평상시 우리의 생각은 파편적이고 산만하여 결집력이 없다. 그러나 작업의 주제에 몰입하면 생각과 의지가 하나의 방향을 갖게 되어서 기도와 같은 힘을 발휘한다. 이것이 예술이 세상을 변화시키는 방식이다. 예술가는 정치처럼 사회에 직접 개입하지는 않지만, 주제에 담긴 강력한 미의식을 통해서 사람들에게 감동을 주고 사회를 변화시킬 수 있다.

따라서 자신의 작업에 대한 확고한 신념이 없다면 주제를 점검해야 한다. 그래서 스스로 문제의식이 있는지, 시사성이 없는 문제에 집착하고 있는 건 아닌지, 혹은 예술이 아닌 다른 분야의 문제에 집착하고 있는 건 아닌지, 그리고 문제에 대한 처방과 대안이 설득력이 있는지를 점검해야 한다.

양식은 주제와의 적합성과 독창성으로 판단해야 한다.

작품의 양식을 판단할 때는 철저하게 주제와의 적합성과 독창성으로 판단해야 한다. 좋은 작품은 일단 주제에 부합하면서 독창적이다. 주제와 무관한 절대적으로 좋은 양식이나 나쁜 양식은 존재하지 않는다. 가령 요제프 보이스의 기름 덩어리나 뒤샹의 변기는 기존의 조각 개념으로 보면 결코 좋은 양식이라고 할 수 없지만, 그들의 주제에 적합하면서 독창적이다. 작가가 낯선 새로운 양식을 시도할 수 있는 용기는 철저하게 주제를 따를 때 가능하다.

만약 주제를 충실히 반영했는데도 양식의 독창성이 없다면 주제와 소재를 바꿀 필요가 있다. 작가는 결국 독창적인 양식으로 경쟁해야 하기 때문이다. 이를 위해서는 독창성의 3요소인 개성과 시대성과 지역성을 참조하여 작품의 내용을 정비해야 한다. 즉 과거와 다른 동시대성을 어떻게 해석하고 있는지, 다른 나라 작가들과 구분할 수 있는 지역성을 어떻게 파악하고 있는지, 또 다른 작가들과 차이 나는 개성을 무엇으로 보고 있는지를 점검하여 독창적인 양식이 나올 수 있게 수정해야 한다.

개념이 먼저인가
── 기교가 먼저인가

작가들이 작품을 제작할 때 개념을 먼저 잡고 그에 따른 양식을 제작해야 할까? 아니면 일단 마음이 동하는 대로 무엇이든 그리고 만든 다음에 그에 따른 개념을 붙이는 것일까? 사실 이것은 닭이 먼저냐 달걀이 먼저냐의 문제처럼 정답이 없는 것 같다. 작가들의 성향에 따라 어떤 작가는 머리가 앞서고, 어떤 작가는 손이 앞선다. 그러나 어떤 성향이든 한쪽으로 지나치게 치우치면 반드시 문제가 발생하게 된다. 머리가 앞서가면 예술은 철학에 가까워지고, 손이 앞서가면 예술은 기술로 전락하기 때문이다.

미술은 철학과 기술 사이에서 줄타기를 잘해야 한다. 머리가 지나치게 앞서가면 메시지가 분명하지만 양식이 경직되기 쉽고, 손이 앞서가면 감각적으로 느껴지지만, 개념이 약해 공허해진다. 따라서 머리와 손이 한쪽으로 치우치지 않게 균형을 유지하면서 때를 파악하는 것이 중요하다.

기교를 먼저 배우면
기교가 오히려 장애가 될 수 있다.

운전면허를 따기 위해 연습할 때는 특별한 목적지가 없고 운전 자체가 목적이 된다. 그러나 실전에서 운전은 어떤 목적지를 가기 위한 수단이 된다. 작가들이 처음에 기교를 익힐 때는 그 자체가 목적이 되지만, 작가로서 데뷔를 하고 난 후에는 기교가 어떤 개념을 표현하기 위한 수단이 된다. 따라서 개념이 없는 상태에서의 기교는 의미를 갖기 어렵다.

기교가 중시되었던 과거와 달리 현대미술은 특히 개념이 중요해졌다. 과거처럼 미술의 기초를 묘사하는 기교로 생각하고 석고 데생처럼 사실적인 묘사의 기술을 먼저 배우는 것은 위험한 일이다. 왜냐하면 미리 익힌 기교를 활용하려다 보면 새로운 주제의 표현에 오히려 장애가 될 수 있기 때문이다. 예를 들어 추상적 주제를 그리려면 재현의 기교를 버리고 새로운 조형 어법을 익혀야 하는데, 기존의 관습을 버리기가 쉽지 않다.

서구에서는 이러한 시대적 변화에 적응하기 위해 작품의 주제와 개념을 잡는 것을 미술의 기초로 삼고 토론 중심의 수업으로 전환하고 있다. 그리고 그런 교육을 받은 작가의 성공 확률이 훨씬 높다. 그것은 현대미술의 추세가 기교보다 개념을 중시하고 있다는 것을 의미한다.

개념과 기교의 관계는
상보적 워킹이어야 한다.

가장 이상적인 것은 개념을 잡는 일과 그것을 표현하는 손의 기교가 상보관계가 될 때이다. 자동차를 운전하는 사람은 앞에 있는 장애물을 잘 피해 목적지에 도달해야 한다. 목적지만 생각하고 달리면 충돌사고가 일어나고, 앞만 보고달리다 보면 목적지를 놓치기 때문이다. 작업에서도 개념을잡는 머리와 그것을 표현하는 손이 두 다리처럼 되어 걸을수 있어야 한다.

이것이 창작의 걸음마이다. 워킹에서 중요한 건 한 다리를 축으로 다른 다리가 나가야 한다는 점이다. 한 다리만사용하여 나간 다리로 계속 나가려고 하면 가랑이가 찢어질 것이다. 창작에서는 개념을 축으로 양식이 나아가고 양식을 축으로 개념이 나아가는 걸음마를 익히는 것이 중요하다. 작가로서 자유롭게 걷고 뛸 수 있으려면 이처럼 머리와 손, 개념과 기교의 관계를 잘 이해하고 양다리처럼 활용해야 한다.

작업에서도 지금이 개념을 생각할 때인지 마냥 열심히 제작할 때인지를 판단하는 일이 중요하다. 운전할 때도 갈림길이 없을 때는 그냥 앞만 보고 달리면 된다. 그러나 갈림길이 나오면 목적지와 관련해서 선택이 이루어져야 한다. 작업에서 수많은 선택의 순간에 직면하는데 그때가 개념을 생각할 때다. 그때 개념을 놓치면 작업의 방향을 잃어버리고 헤매게 된다.

양식의 호불호는 철저하게 개념에 따라 판단해야 한다.

운전하다 보면 목적지에 가기 위해서 때로 막히고 험한 길을 가야 할 때가 있고, 아무리 길이 좋아도 가서는 안 되는 경우도 있다. 창작에서도 개념에 따라 아무리 추한 양식도 취해야 할 때가 있고, 아무리 아름다워도 취해서는 안 될 때가 있다. 이 판단은 전적으로 자신의 개념에 따라 이루어져야 한다.

개념이 우선인가 기교가 우선인가, 머리가 중요한가 손이 중요한가 하는 다툼은 소모적인 논쟁이다. 그보다는 창작의 걸음마를 익히고 어느 점이 약한지를 점검하고 보완하려는 노력이 필요하다. 초보 시절에는 자신의 약점이 크게 문제 되지 않지만, 큰 무대로 나아갈수록 자신의 약점이 크게 드러나는 법이다.

무의식적 ———
표절 피하기

얼마 전에 한국의 유명 음악가의 표절 논란 때문에 문화계가 홍역을 치른 바 있다. 엘리트 출신의 인기 작곡가였던 그는 논란에 대해 자신이 좋아하고 존경하는 음악가의 곡과 일부가 무의식적으로 비슷해졌다고 해명했다. 그러나 다른 곡들도 그와 유사한 경우가 속속 드러나면서 논란은 더욱 가열되었고 마침내 그가 활동 중단을 선언하고 나서야 논란이 종결되었다.

사실 예술에서 표절과 영향을 명료하게 나누는 건 쉽지 않은 일이다. 누구나 어느 정도 다른 작가의 영향을 받게 되고, 그러다 보면 자신도 모르게 무의식적으로 따라 할 수 있기 때문이다. 미술에서도 과거 스승의 화풍을 따라 그리는 건 흔히 있는 일이었다. 그래서 국전에 출품한 작가들이 누구의 제자인지 어렵지 않게 알아볼 수 있었고, 스승의 작품과 구별이 쉽지 않은 경우도 있었다.

무의식적인 표절도
표절이다.

"모방은 창조의 어머니"라는 말이 있듯이, 학습기에는 모방에 가까운 작품도 크게 문제 삼지 않지만, 프로 작가가 되면 이야기가 달라진다. 무의식적으로 하는 도둑질도 도둑질이듯이, 무의식적인 표절도 표절이기 때문이다. 의식적으로 하는 표절은 양심의 문제이고, 무의식적인 표절은 부주의의 문제일 뿐, 결과적으로는 표절의 오명에서 벗어날 수 없는 것이다.

그래서 작가가 어떤 전통적인 양식의 영향을 받는 것은 양날의 검이다. 영향이 지나치면 자기 개성을 상실할 수 있기 때문이다. 루소나 고갱처럼 간혹 전공이 다른 작가들이 미술의 영역에서 성공을 거두는 것은 전통을 배우지 않아서 영향을 덜 받았기 때문이다. 이것은 기교보다 독창성을 중시하는 미술에서 얼마든지 가능한 일이다.

그러나 영향을 받지 않으려고 다른 작가의 작품을 일절 보지 않으려 하는 것도 능사는 아니다. 이미 어디선가 본 양식이 무의식에 저장되어 있다가 부분적으로 나올 수 있기 때문이다. 이런 경우도 직접 영향을 받은 것은 아니지만 표절로 오해받을 수 있다. 그럴 때는 누가 먼저 했는지와 그러한 양식을 발상하게 된 계기와 개연성을 따져서 판단하게 된다. 예술에서 영향은 필요한 일이지만, 표절은 범죄로 취급하기에 프로 작가라면 반드시 표절을 피하기 위한 노력과 전략이 있어야 한다.

표절을 피하려면
자신의 무의식을 의식화해야 한다.

내가 생각하는 것이 나의 것이고, 내 생각을 표현하면 내 작품이라고 작가들이 생각하는 건 큰 착각이다. 내가 한국 사람이기에 내가 하는 작품은 한국적이고, 내가 현대에 살기에 내가 하는 작품은 현대적이라고 말하는 작가들이 있다. 그렇게 생각하는 사람은 라캉의 정신분석학을 진지하게 공부할 필요가 있다. 그러면 자신의 주체가 순수할 수 없고, 우리의 무의식마저 타자로 오염되어 있다는 것을 알게 될 것이다.

　우리는 누구나 이미 어느 정도 타자화가 되어 있기에 자신을 솔직하게 표현한다고 자기만의 개성과 독창성이 드러나는 게 아니다. 나만의 개성을 찾는 것은 내 안의 타자성을 인식하고 그것을 의식적으로 제거함으로써 가능하다. 표절을 피하기 위해서는 이처럼 자신의 무의식을 의식화하여 주체성과 타자성을 식별하는 과정을 거쳐야 한다.

　사실 창작은 무에서 유를 창조하는 게 아니라 남의 것을 수용하여 필요에 맞게 변형하는 과정에서 이루어지기에 나무의 접붙이기와 비슷하다. 성공적인 접붙이기가 되려면 뿌리가 있는 밑나무가 중심 역할을 하면서 효과를 원하는 다른 나무를 결합해야 한다. 그래서 고구마에 호박을 접붙이면 호박고구마가 되어야 한다. 고구마에 호박을 접붙였는데 호박이 되었다면 이것은 실패한 접붙이기다.

영향은 정신적 차원이고, 표절은 물질적 차원이다.

그렇다면 영향과 표절을 나눌 수 있는 근거는 무엇일까? 영향은 정신적인 차원이고, 표절은 물질적인 차원이다. 다른 작가의 작품을 정신적으로 계승했다면 그것은 영향을 받은 것이고, 자신의 개성에 따른 양식의 변화가 가능하다. 그러나 다른 작가의 작품을 양식적으로 계승했다면 그것을 응용하고 변화를 주기 어렵기에 표절이 되기 쉽다.

작품의 양식이란 작가의 정신이 물질로 굳어진 것이다. 물질적인 양식은 음식처럼 입과 위에서 분쇄하여 영양분을 섭취하고 찌꺼기는 배설해야 한다. 그러면 영향이 되지만, 수박씨처럼 위에서 분쇄하지 못하고 그대로 배설해 버리면 표절이 된다. 남의 양식에 영향을 받을 때는 반드시 그것을 충분히 소화시켜 정신성을 흡수해야 한다. 전통의 굳어진 양식을 미의식의 용광로에 넣어서 녹여낼 수 있으면 현대적 필요에 맞게 자유롭게 변형이 가능하다. 이렇게 나온 결과물은 자기 정체성의 틀을 통과해 나온 것이기에 자신만의 개성적인 아우라가 느껴진다.

작품의 양식이
── 너무 자주 ── 바뀔 때

작가의 관심사에 따라 작품이 변하는 건 자연스러운 일이
지만 작품이 너무 자주 변한다면 작가의 정체성에 문제가
있을 수 있다. 대개 작품을 시작한 지 얼마 안 되는 학습기
에는 남의 영향을 많이 받게 되고 그때그때의 충동에 따라
작품을 하게 되기에 화풍이 자주 변한다. 이 시기에는 기복
이 심하고 불안정해서 여러 작가의 작품처럼 보인다. 그리
고 독창성이 약해서 신선하지 못하고 어디서 본 듯하다.

　이러한 문제를 극복하려면 질적인 완성도에 집착하지
말고 자신의 개성과 정체성을 위한 노력이 필요하다. 특히
미술은 예술 중에서도 독창성을 가장 중시하는 장르다. 따
라서 기교가 아무리 뛰어나도 다른 작가와의 차이점을 확

보하지 못하면 아무 소용이 없다. 그렇다고 천편일률적으로 같은 양식을 평생 지속하는 것도 문제가 된다. 그러면 작품의 양식이 언제 어떻게 변해야 이상적이라고 할 수 있을까?

정체성 있는 변화는 아름답지만
정체성 없는 변화는 혼란스럽다.

나무는 계절에 따라 수시로 변하지만, 봄에 개나리가 여름에 진달래로 변하는 일은 없다. 자연은 자기 정체성이 분명하기에 다투지 않고 서로 조화를 이룬다. 이것이 자연이 아름다운 이유다. 그러나 자신의 정체성을 잃어버린 인간은 남과 불필요하게 경쟁하고 서로 다투게 된다. 자연처럼 자신의 고유한 정체성이 있는 사람은 말과 행동에 일관성이 있고 변화가 자연스럽다. 정체성은 변하지 않는 게 아니라 나무가 계절에 따라 변하듯이 일관성 있게 변하는 것이다. 자연처럼 정체성이 있는 변화는 아름답게 느껴지지만, 정체성이 없는 변화는 혼란스럽게 느껴진다.

작가들이 이러한 정체성의 문제를 해결하기 위해서는 그때그때의 기분과 충동에 의존하지 말고, 깊은 내면의 소리를 경청해야 한다. 그래서 자신이 진심으로 무엇을 좋아하고 어떤 주제에 관심이 있는지를 살펴야 한다. 나의 감정과 생각을 표현하면 내 작품이라는 생각은 착각이다. 왜냐하면 그동안 성장과 학습 과정에서 보아온 수많은 다른 작가의 작품이 무의식적으로 나올 수 있기에 그것을 나의 것이라고 믿어서는 안 된다.

습관을 줄이고 선택을 늘릴 때 정체성도 증진된다.

이처럼 무의식적으로 행하고 있는 자신의 습관을 관조하고 의심하는 것이 자기 정체성 찾기의 출발이다. 그리고 자신의 습관이 어떤 맥락과 배경에서 생긴 것인지를 이해하고 본질과의 관계를 살펴 그것을 수정해 나가야 한다. 이것은 자신의 무의식을 의식화하여 습관적인 행동을 멈추고 선택하는 기회를 늘려가는 일이다.

우리가 무언가를 선택하려면 선택의 기준을 요구하고, 그 기준을 찾기 위해서 사유의 과정이 필요하다. 그리고 본질에 대한 사유는 우리를 습관의 굴레에서 끄집어내 자기 주체적인 선택을 가능하게 한다. 관습의 주체는 타자지만 사유의 주체는 자신이다. 따라서 현재의 습관을 의심하고 사유를 통해서 선택의 기회를 늘려가는 과정에서 자연스럽게 사유의 주체인 자기 정체성이 드러나게 되는 것이다. 그러면 나무가 계절에 따라 변하듯이 작품도 일관성이 있으면서 환경에 따른 자연스러운 변화가 이루어진다.

창조적 인간으로 살아가기

작품에 이야기가
너무 ——— 많을 때

사람이 많고 시끌벅적한 도떼기시장에서는 여러 소리가 섞여서 들리기 때문에 소리를 제대로 들을 수 없다. 그러나 고요하고 적막한 곳에서는 아주 작은 소리도 분명하게 들린다. 예술에서도 작가들이 커뮤니케이션에 실패하는 이유는 작품에 너무 많은 이야기를 담으려 하기 때문이다. 이것은 초보 작가일수록 흔히 나타나는 문제다.

영화나 드라마를 볼 때도 메시지가 많으면 불필요한 장면이 삽입되어 산만하고 주제 대신 자극적인 장면들만 남게 된다. 특히 미술은 작품을 보는 시간이 단 몇 초에 불과하다. 따라서 짧은 시간에 시적인 압축력과 응축된 표현으로 승부를 걸어야 한다. 이를 위해서는 많은 이야기를 다하려 하지 말고 핵심 주제를 집약적으로 전달하는 방법이 필요하다. 이야기가 많다는 것은 아직 주제가 명확하게 잡히지 않았다는 것을 의미한다.

다른 작가와의 차이에 집중해야 메시지가 분명해진다.

우리의 평상시의 생각은 대개 명료하지 않고 산만하다. 그처럼 산만한 생각을 솔직하게 작품으로 옮기면 이야기가 많아지고 커뮤니케이션에 실패할 확률이 높다. 기업에서 하는 광고도 제품의 모든 특징을 있는 그대로 다 설명하려고 해서는 좋은 결과를 얻을 수 없다. 소비자는 다른 제품과의 관계에서 뭐가 다른지를 확인하고자 하기 때문이다. 따라서 성공적인 마케팅이 되려면 경쟁사의 제품과 비교해서 무엇이 어떻게 다르고 그 차이가 어떤 유용성을 줄 수 있는지를 부각하는 데 집중해야 한다.

한 예로 스마트폰 시장에서 지금은 삼성이 독주하고 있지만, 1990년대 초만 해도 다국적 브랜드인 모토로라가 선점하고 있었다. 후발주자인 삼성은 1993년 애니콜을 통해 도전장을 내밀면서 모토로라를 따라잡을 전략이 필요했다. 그래서 소비자들이 통화 품질을 중시하는데 한국은 70 퍼센트가 산이라는 점에 착안하여 "한국 지형에 강하다"라는 광고카피를 끌어냈다. 그리고 한국의 산과 바다, 섬 등을 찾아다니며 한국 지형에 잘 터지는 통화 품질을 증명함으로써 마침내 모토로라를 따라잡을 수 있었다. "한국 지형에 강하다"라는 문장은 애니콜의 전체적인 특징이 아니라 모토로라와의 차이점을 부각한 것이다.

아마추어는 전부를 보여주고자 하고 프로는 차이를 보여주고자 한다.

예술도 작품에 자기 생각을 다 담아내려고 하면 보는 사람에게 강렬한 인상을 주기 어렵다. 아마추어 작가들은 자신의 전부를 표현하고자 하고, 프로 작가들은 다른 작가와의 차이를 표현하고자 한다. 아트페어나 비엔날레처럼 자신의 작품이 다른 작가들의 작품과 나란히 걸려 있는 것을 상상해 보는 일은 때로 필요하다. 그래야 다른 작가와의 관련 속에서 차이를 인식할 수 있기 때문이다.

요즘은 식당을 하더라도 다른 곳에서 먹을 수 없는 특별한 메뉴가 있어야 성공할 수 있다. 하물며 창작을 업으로 하는 작가들이 이 점을 의식하지 않는다면 아마추어라고밖에 볼 수 없다. 프로 작가라면 자기만의 양식을 특허를 내듯이 개발하고, 전시회를 통해서 지속적으로 그 차이와 가치를 어필해야 한다.

화풍의
변화 시점이 ——— 고민될 때

작업을 하다 보면 화풍의 변화를 고민할 때가 있다. 아무리
좋은 주제도 오랫동안 하다 보면 소재가 바닥나고 지루해
지기 때문이다. 그러면 타성에 젖어 오직 기교에 의존하게
되고 기교에 의존할수록 작업에 흥미를 잃게 된다. 작업을
하면서 주제의 내용이 생생하게 떠오르지 않고 지루하게
느껴진다면 화풍의 변화를 진지하게 고민할 때가 되었다는
신호다.

　　작가로서 화풍의 변화 시점을 잘 포착하는 건 삶에서
이사 시점을 잡는 것만큼이나 중요한 일이다. 이사를 너무
자주 다니면 생활이 안정이 안 되고 정신이 없지만, 이사를
너무 안 다녀도 삶이 지루하고 정체되기 쉽다. 작품도 적당

한 시기에 이루어지는 화풍의 변화는 작업에 새로운 활력을 주지만, 그 타이밍을 놓치면 작가로서 생명이 위협받기도 한다. 대개 화풍이 변해야 할 때 변하지 못하는 이유는 익숙함에 안주하여 용기가 부족하거나 남의 눈치를 보기 때문이다.

대중적 인기 작가일수록
타율적 요구로 인해 변화가 어렵다.

아직 자기 양식이 나오지 않은 작가들은 변화에 큰 부담을 느끼지 않고 이것저것 다양하게 시도해 보아도 큰 문제가 되지 않는다. 그러나 독자적인 자기 양식이 나와서 어느 정도 인지도가 생긴 작가들은 변화가 쉽지 않다. 왜냐하면 대중들이나 컬렉터들은 일반적으로 익숙한 것을 선호하기 때문이다. 게다가 작품이 잘 팔려서 주문이 밀려 있는 인기 작가의 경우는 타율적인 요구로 인해서 변화가 더욱 어렵다.

그러나 그러한 인기에 취해서 변하지 못하면 작가는 물건을 만들어 파는 사업가로 전락하여 작가로서 생명이 위태로워진다. 그래서 작가는 컬렉터와의 관계를 겨울철의 난로처럼 적당한 거리로 유지해야 한다. 컬렉터를 너무 멀

리하면 배고파서 고생하고, 너무 가까이하면 불에 타 죽을
수 있다.

작품의 화풍이 변할 때는 누구나 양식이 어설퍼 보이
고 익숙하지 않은 데서 오는 거부감이 있다. 자신을 이해하
는 전문가 외에는 그것을 지지해 주는 사람이 없다. 따라서
그 시기에는 외로운 시간을 견디면서 자신의 새로운 화풍
이 사람들에게 익숙해질 때까지 혹평에도 아랑곳하지 않고
인내로서 견뎌야 한다.

연기자들도 한 드라마에서 맡은 연기를 성공적으로 잘
해내면 사람들의 인식이 하나로 굳어지게 된다. 그래서 좋
은 배우들은 자신의 연기의 스펙트럼을 넓히기 위해 위험
을 무릅쓰고 새로운 장르에 도전한다. 자신의 이미지가 하
나로 굳어지면 평생 거기에서 헤어나오지 못하기 때문에
작가로서의 삶이 지루할 수밖에 없다.

예술은 자연처럼 정체성 있는 일관성과
시대적 변화를 동시에 요구한다.

이상적인 화풍의 변화는 변화의 양태가 자연스럽게 느껴져
야 한다. 겨울에 앙상한 나무가 봄에 꽃을 피우고 여름에 무

성해지는 것은 자연스러운 변화다. 그러나 개나리가 진달래로 변하는 건 부자연스러운 변화다. 자연이 아름다운 것은 자기 정체성을 잃지 않으면서 기후에 따라 자유롭게 변한다는 것이다. 그러나 인간은 남의 영향을 많이 받다 보면 자기 정체성을 완전히 상실할 수 있다. 예술은 자연처럼 자기 정체성 유지와 환경에 따른 변화를 동시에 요구한다. 그런 관점에서 예술은 자연을 모방할 필요가 있다.

이것은 화풍이 변화할 때 연속성과 차이가 동시에 느껴져야 한다는 것을 의미한다. 연속성 없이 차이만 느껴지면, 한 작가의 작품이 아니라 다른 작가의 작품처럼 보이게 된다. 그것은 변화가 적절하지 않거나 자연스럽지 못한 증거다.

재주가 있는 작가는 최근에 유행하는 양식과 컬렉터들의 취향을 잘 파악해서 그에 부합된 작품으로 일시적인 성공을 거둘 수는 있다. 그러나 그것이 자기 것이 아니면 작품이 변할 때 일관성 없이 엉뚱한 방향으로 변해버린다. 그래서 한 작가의 작품성을 평가할 때는 화풍이 변할 때를 기다려서 연속성이 있는 변화인지 연속성이 없는 변화인지를 확인해야 한다.

작가로서
끝까지 ——— 살아남기

암호화폐 커뮤니티에서 사용되는 용어 중 '호들'이라는 말이 있다. 이 말은 "전문 트레이더들을 이기려면 무조건 장기간 홀딩하라"라는 문장을 쓰다가 '홀드'를 '호들'로 잘못 쓴 것이다. 그때부터 코인의 장기투자를 호들이라고 부르게 되었는데, 이 말에 해당하는 한국말은 '존버'다. 작가들은 작품성과 무관하게 경제적인 보장이 안 되기에 '존버 정신'(끝까지 버티는 정신)이 없으면 버티기가 힘든 분야다.

실제로 대학에서 미술을 전공하고도 작가로서 끝까지 살아남는 경우는 10퍼센트도 채 되지 않는다. 이것은 여러 가지 이유가 있겠지만, 결정적으로는 작업을 온전히 즐기지 못하기 때문이다. 작업을 통해 명성을 얻고자 하는 작가들은 현실의 높은 벽을 느끼게 되면 포기하고 만다. 그리고 경제적 성공을 추구하는 작가들은 작품이 안 팔리면 좌절하여 직업을 옮겨버린다. 그러나 순수하게 창작 행위 그 자체를 즐기는 작가는 시련이 있어도 끝까지 버틸 수 있다.

재미는 목적에 가까이 갈수록 느껴지는 쾌감이다.

작가들이 작업이 잘되고 있는지를 진단하려면 작업을 재미있게 즐기고 있느냐 그렇지 못하냐 하는 점으로 판단하면 된다. 재미가 없으면 뭔가 잘못되고 있다는 증거다. 작가들은 경제적인 어려움은 버틸 수 있어도 재미가 없으면 버틸수가 없다.

재미는 '자미滋味'에서 온 말로 뭔가 "불어나는 맛"이다. 게임에서 점수가 불어나거나, 재산이 불어나거나, 지식이 불어나거나 자신의 목적에 가까이 갈 때 우리는 재미를 느낀다. 재미가 없다는 것은 목적을 향해 나아가지 못하고 있다는 증거다. 재미는 목적에 가까이 가면서 느껴지는 만족감이기에 목적을 모르면 재미도 있을 수 없다. 게임이 재미있는 것은 목적을 알기 쉽게 만들어 점수가 불어나는 것을 스스로 파악할 수 있게 만들어놓았기 때문이다.

예술도 목적을 알고 자신의 현 위치를 알면 노력에 따라 실력이 붇어나는 재미를 느낄 수 있다. 그러나 자신의 위치를 모르고 무엇을 어떻게 노력해야 하는지를 모르면 슬럼프에 빠지게 된다. 대개 슬럼프는 힘들어서 오는 게 아니라 노력의 방향을 못 잡을 때 찾아온다.

창작이 재미있는 것은
평소의 나를 초월하기 때문이다.

작품은 일단 제작하는 사람이 재미가 있어야 보는 사람도 재미가 있다. 재미가 있으면 몰입하게 되고, 몰입하다 보면 창의성이 발휘되어 자신의 능력을 초월하는 예상치 못한 잠재된 능력이 드러나게 된다. 한 번 초월적 경험을 맛본 작가는 어떤 어려움이 있어도 작업을 포기하지 않는다. 창작의 기쁨은 마약보다 강렬한 쾌감을 가져다주기 때문이다. 그러한 행복감을 맛보면 다른 아무런 보상이 없이도 게임처럼 예술 자체를 즐기고 지속할 수 있다.

만약 작업이 재미가 없다면 자신의 작업 루틴을 점검하고 게임처럼 재미있게 몰입할 수 있는 방식으로 변경해야 한다. 대개 작업이 재미가 없어지는 건 기교에 집착하거나 해오던 습관에 의존하기 때문이다. 그럴 때는 작업 과정에서 선택이 지속적으로 이루어지도록 작업 메커니즘을 수정해야 한다.

그리고 주제에 빠져들어 몰입할 수 있는 자기 나름의 작업 루틴이 필요하다. 가령 몰입을 통해 생생하게 주제를 상상하거나 어린 시절 자유롭게 뛰놀았던 기억이나 행복했던 시간을 떠올려 미의식을 끌어 올리는 것도 한 방법이다. 미의식의 상태에서는 아무런 두려움이 없어지기에 남의 눈치를 안 보고 거침없이 자유롭게 하고 싶은 것을 할 수 있게 되어 재미가 있다.

아무튼 작업을 할 때는 연기를 하듯이 평소와 다른 특별하고 창조적인 나로 변신할 수 있어야 한다. 그러면 현실에서 이루지 못한 자신의 이상이 실현되기에 일시적으로나마 행복감을 느끼게 된다. 그 맛을 아는 작가는 삶이 힘들수록 작업에 매달리게 되어 있다. 삶에서는 각종 장벽이 많지만, 창작에서는 자신의 꿈을 이룰 수 있기 때문이다. 그리고 그러한 시간을 점차 늘려가면 꿈과 현실의 경계가 사라지고 꿈이 현실이 될 수도 있다.

창조적 인간으로 살아가기

부록

작가 노트
——— 쓰는 법

현대미술은 작품에서 개념의 비중이 높아지다 보니 자기 작품을 설명한 작가노트가 포트폴리오에 필수적으로 들어간다. 작가노트를 보면 작가의 작업 의도와 개념, 그리고 사유의 깊이를 어느 정도 가늠할 수 있기 때문이다. 그런데 어떤 작가노트는 오히려 작품 이해에 방해가 되고 혼란을 줄 때도 있다. 그것은 글쓰기의 문제일 수도 있지만, 개념적인 문제인 경우가 많다.

　작가노트를 쓰는 이유는 남에게 자신의 개념을 설명하기 위한 것도 있지만, 자기 작업을 정리하기 위해서도 필요하다. 우리의 생각은 뜬구름과 같아서 뭔가 잡힐 듯하다가도 금방 사라져버리기에 문득 떠오르는 영감을 수시로 기

록하고 그것을 토대로 생각을 진전시켜야 한다. 작가노트
는 자신을 관조하고 파편적인 생각을 개념의 체계로 나아
가게 하는 중요한 방법이다.

작가노트의 형식은 논문처럼 남의 이야기를 인용하
는 게 아니라 자기의 생각을 쓰는 것이기에 에세이처럼 진
솔하게 자기 언어로 써야 한다. 그리고 남을 위한 작가노트
와 자기를 위한 작가노트를 구분하여 쓰는 게 좋다. 자기를
위한 작가노트는 무엇보다도 남을 의식하지 않고 진솔하게
써야 한다. 그래야 사회생활을 하면서 억압되고 위장된 자
신의 가면을 양파 껍질처럼 벗겨내고 진실한 내면의 소리
를 들을 수 있기 때문이다.

작가노트를 쓰는 시간은 자신에게 질문을 던지며 자기
를 만나는 시간이 되어야 한다. 이처럼 자신에게 질문을 던
지다 보면 대답하는 또 다른 내가 등장하고 심도 있는 사유
가 가능해진다. 본질적인 질문들을 던지고 대답하는 과정
에서 자신의 예술관이 생기고 궁금한 것들이 해결되는 것
이다. 이처럼 자기를 위한 작가노트는 논리적인 글쓰기가
아니라 파편적이고 번뜩이는 사유의 흔적이어야 한다. 그래
서 낙서하듯이 편안하고 두서없이 접근해야 원하는 성과를
얻을 수 있다.

반면에 남을 위한 포트폴리오용 작가노트는 그동안 낙

서 형식으로 써왔던 내용들을 정리하여 작품 이해에 필요한 내용이 간결하고 적당한 비율을 이루게 해야 한다. 그리고 두서없이 쓰는 것보다 다음의 5개의 항목을 차례로 써 내려가면 자신의 문제와 결핍을 찾아내는 데 도움이 된다. 만약 어느 항목에 관한 내용이 떠오르지 않고 막히면 그 부분에 대한 사유와 보완이 필요하다는 것을 의미한다. 그래서 전체 항목이 유기적으로 연결될 수 있도록 지속적으로 수정과 보완을 해나가야 한다.

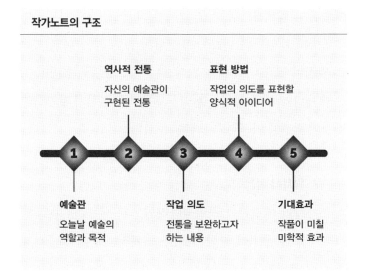

작가노트의 구조

역사적 전통
자신의 예술관이
구현된 전통

표현 방법
작업의 의도를 표현할
양식적 아이디어

1 2 3 4 5

예술관
오늘날 예술의
역할과 목적

작업 의도
전통을 보완하고자
하는 내용

기대효과
작품이 미칠
미학적 효과

1. 예술관

예술관은 예술의 역할과 목적에 대한 자신의 관점을 말한다. 등산하는 사람이 어느 산을 선택하느냐에 따라 오르는 길과 방법이 다르듯이, 작가가 어떤 예술관을 갖느냐에 따라서 작품의 방향과 양식이 달라진다. 작가들이 작업 과정에서 하게 되는 수많은 선택은 자신의 예술관에 따라 이루어지기에 예술관이 없으면 헤맬 수밖에 없다.

대개 초보 작가들은 이것이 결정된 것으로 생각하고 기교 습득에만 전념하지만, 점차 독창성을 위해서 자신만의 예술관이 필요하다는 것을 알게 된다. 예술관은 시대마다 민족마다 개인마다 다르기에 정답이 있는 게 아니고 자신의 관점이 필요하다. 이를 위해서는 미학 공부를 통해서 기존이 예술에 대한 정의들을 살펴보고 시대정신에 부합하는 자신의 관점을 가지려고 노력해야 한다.

2. 역사적 전통

자신의 예술관이 정립되었다면, 다음에 그에 따른 역사적 전통을 살펴야 한다. 예술관이 목적지라면 역사적 전통은 이 목적지를 향해 난 길을 파악하는 것이다. 그래야 길이 있는 줄도 모르고 숲길을 헤매는 수고를 피할 수 있다. 예술의 독창성은 새로운 풍광을 발견하는 것이지 어느 길로 갔느냐가 중요하지 않다. 기존의 난 길을 최대한 활용하고 나지 않은 길을 개척하려 해야 한다.

각종 사조나 이즘 혹은 장르가 역사적 전통에 해당하고 여기에는 이 길을 거쳐 간 많은 작가가 포진되어 있다. 이러한 전통을 충분히 이해하고 일단 자신이 선호하는 길을 선택해야 한다. 그래야 나중에 이들과 차이점을 명확히 할 수 있기 때문이다.

3. 작업 의도

역사적 전통을 충분히 검토했다면 감사하는 마음으로 선배들이 낸 대로를 따라가다가 오솔길로 빠져나와 미지의 장소를 찾아야 한다. 이때부터 새로운 풍광을 얻기 위한 진짜 등반이 시작된다. 바로 이 지점이 작업의 의도가 되어야 한다.

작업 의도가 너무 본질적이고 포괄적이면 결코 좋은 작품이 나올 수 없다. 신제품을 만드는 사람은 기존 제품의 문제점을 정확하게 인식하고 그 부분을 개설할 분명한 대안이 있어야 한다. 작업의 의도 역시 너무 관념적이고 포괄적인 내용보다는 기존 예술과의 차이점을 드러내는 데 집중해야 한다.

4. 표현 방법

작업의 의도까지 나왔으면 다음에는 그것을 어떻게 표현할 것인지에 관한 구체적 방법이 제시되어야 한다. 이것은 조형언어의 문제로 자신의 양식이 작업 의도에 따른 최상의 선택인지, 기존의 양식과 어떻게 다른지를 설명해야 한다.

미술은 결국 세종대왕이 한글을 만들듯이 어떤 특별한 내용을 담아내기에 유용한 조형언어를 창조하는 것이다. 그러려면 자신이 세운 나름의 규칙과 의미체계가 있어야 한다. 그래서 자신의 언어가 기존의 언어보다 특정 내용을 담아내는 데 있어서 효율성과 장점이 있다는 것을 어필해야 한다.

5. 기대효과

마지막으로 자신의 작품이 어떠한 미학적 효과와 영향을 줄 수 있는지를 개진해야 한다. 작가들이 전시회를 통해서 자기 작품을 알리고자 하는 이유는 궁극적으로 자기만족을 위한 취미생활에 그치지 않고 우리 사회에 뭔가 기여하고 싶은 소망이 있기 때문일 것이다. 이러한 의지와 기대효과는 작가들에게 소명의식과 사명감을 심어주어 종종 역경을 극복하고 열정을 불태우는 힘으로 작용한다.

작가노트 작성표

항목	내용
1. 예술관	* 내가 추구하는 예술이란 무엇인가?
2. 역사적 전통	* 내가 추구하는 예술에는 어떤 전통(사조, 장르)이 있나?
3. 작업 의도	* 역사적 전통과 관련 속에서 내가 개진하고자 하는 의도(추종, 보완, 해체)는 무엇인가?
4. 표현 방법	* 작업 의도에 따른 조형적 아이디어가 무엇이며, 그것이 기존 양식들과 어떤 차이와 특성이 있는가?
5. 기대효과	* 내 작품의 미학적 가치가 무엇이며, 그것이 어떤 영향을 줄 수 있다고 생각하는가?

〈작가노트 사례〉

다음의 작가노트는 앞에서 제시한 구성방식으로 써
본 것이다. 나는 이론가라 작품이 없지만, 다행히 몇 년 전
에 했던 허접한 드로잉이 있어서 작가노트의 적절한 사례
를 위한 목적으로 활용하였다. 정해진 항목의 순서를 따르
려다 보니 글이 좀 딱딱해졌지만, 이를 참조하여 자신의 작
품에 관한 내용을 항목별로 써본다면 자신이 보완할 점이
무엇인지 진단하는 데 도움이 될 것이다. 작가노트에 따라
허접해 보이는 작품도 멋지게 보일 수 있고, 그 반대일 수도
있을 것이다.

나는 예술이 각종 이데올로기와 개념의 노예가 된 현대인의
경직된 사고를 자유롭게 하고 인간 본연의 생명력을 회복하
는 데 기여해야 한다고 생각한다. (예술관)
'서화동체'의 전통을 가지고 있는 동양의 문인화는 생동하
는 자연에서 느낀 감흥을 선을 통해 그림과 글씨로 표현해
왔다. 이것은 서구처럼 인간 중심의 인식적 재현이나 주관
적 감정 표현과 달리 인간이 자연과 교감하고 공명하여 얻
은 에너지를 즉흥적으로 표현한 것이다. (역사적 전통)
나의 작업은 이러한 문인화의 미학을 계승하면서 기존의 사
군자나 산수 같은 특정 대상이 아니라 나의 몸을 대상으로

한 것이다. 인간의 신체는 또 다른 자연으로서 고유한 리듬을 갖고 있다. 나는 그러한 신체의 리듬과 자연의 리듬이 서로 공명하며 매 순간 변화하는 일회적인 리듬을 포착하는데 관심이 있다. 이러한 행위는 나와 타자의 경계가 사라지는 순간의 쾌감을 안겨주기 때문이다. (작업 의도)

이러한 순간을 포착하기 위해 나는 나의 고유한 리듬과 신체에 저장된 자연의 리듬을 공명시키고 신명나게 춤추듯이 드로잉을 한다. 그렇게 즉흥적으로 나온 선들은 구상과 추상 사이에서 무엇으로도 변할 수 있는 '잠재태'로서 산이나 구름, 꽃 등을 연상시킨다. 원래 상형에서 비롯된 동양의 한자 역시 경직된 기호로 굳어지기 전의 진동하는 생명의 파동과 리듬을 포착하고자 했다. (표현 방법)

이러한 작업은 모든 지적인 판단이 중시된 상태에서 나와 자연이 신체의 장場에서 동동한 조건으로 만나 교감하고 공명하는 순간을 포착한 것이다. 이것은 몸과 정신을 이분법으로 나누고 몸을 비천하게 간주해 온 서구적 전통과 달리 몸과 우주를 동일시하고 신성시하는 동양적 우주관을 반영한 것이다. 이처럼 파동으로 존재하는 미시세계의 존재 방식을 몸으로 느끼고 공명할 때 우리는 거시적인 이데올로기나 개념의 노예 상태에서 벗어날 수 있다고 믿는다. (기대효과)

작품 논문
쓸 때의
유의점

작품창작에 논문이 필요한지에 대해서는 논란이 있지만, 창작에 도움이 되게 쓴다면 작가 활동에 큰 도움이 될 수 있다. 어느 분야든지 창작 이전에 연구의 과정을 거쳐야 하고 예술도 예외가 될 수 없기 때문이다. 제품을 새롭게 만들려하면 기존에 어떻게 만들어왔고, 사용자들이 무엇을 불편해하고 있는지를 조사해서 만든다. 창작도 그냥 나오는 게 아니라 전통에 대한 철저한 조사와 연구를 토대로 나와야 한다. 이러한 과정을 거치지 않고서 독창적인 작품이 나올 확률은 희박하다.

예술대학의 석박사과정은 막연한 공부가 아니라 논문을 쓰는 과정이어야 하며, 이론 논문이 아니라 작품창작을 위한 논문이 되어야 한다. 미학이나 미술사, 혹은 미술 교육 같은 이론 논문은 전공 학과가 따로 있기 때문이다. 다른 전공의 논문을 쓰는 건 학과의 정체성을 위협하는 일이기에 실기 학과는 작품 논문의 이상적인 모범을 만드는 일이 필요하다.

그러나 실제 현실은 작품 논문의 이상적인 모범을 찾기 어렵고, 논문을 쓰고 나서 작품이 좋아진 경우가 드물다. 이렇게 되면 대학원 과정이 실질적인 도움이 안 되고 단지 경력을 위한 형식적인 절차가 되고 말 것이다.

논문에는 특정 문제에 관한
자기주장이 담겨야 한다.

논문이 되려면 일단 논문의 형식을 갖추어야 한다. 책이나 에세이는 논문이 될 수 없다. 책은 새로운 정보를 전달하기 위한 목적이고, 에세이는 어떤 사건에 대한 자신의 주관적인 감정을 진솔하게 표현하기 위한 것이다. 이처럼 책이나 에세이가 되면 아무리 잘 써도 논문이 아니기에 심사 대상에서 제외해야 한다.

논문은 책처럼 정보 전달이 아니라 어떤 문제해결을

목적으로 한다. 따라서 논문에는 반드시 특정 문제에 대한 자기주장이 있어야 하고, 그 주장을 객관적으로 입증하기 위한 레퍼런스를 활용해야 한다. 레퍼런스 없이 자기 생각을 쓰는 에세이는 작가노트이지 논문이 아니다.

논문에는 반드시 문제의식이 있어야 하고 그에 관한 선행 연구를 토대로 자기주장이 개진되어야 한다. 이것만 명확하면 자연과학 논문처럼 굳이 양이 많을 필요는 없다. 대개 이것이 안 되는 학생들이 잡다한 내용을 잔뜩 늘어놓아 분량으로 초점을 흐리게 하려는 경향이 있다. 그러면 책은 될 수 있을지는 몰라도 논문이 될 수는 없다.

작품 논문의 주제는
자기 작품의 방향 모색이어야 한다.

학생들이 작품 논문을 쓸 때 특히 유의해야 할 점은 현재의 자기 작품을 주제로 삼지 말고 앞으로 하게 될 방향을 연구 주제로 삼으라는 것이다. 왜냐하면 학생들은 대부분 완성된 작가가 아니고 자신의 작품세계를 모색하는 과정에 있기 때문이다. 아직 자기 양식이 나오지 않은 작품을 억지스럽게 이론화하면 거기에 갇히게 되어 논문을 안 쓰는 것만 못하다.

대학원은 학부처럼 교양을 넓히려 다니는 게 아니라 철저하게 논문을 위한 코스라야 한다. 그래서 자신의 주제를 먼저 정한 뒤에 서양처럼 그 문제를 해결해 줄 학교와 교수를 선택해서 입학하는 게 좋다. 그리고 2학기 정도까지는 지도교수와 협의하여 논문의 주제와 대략적인 골격이 나와야 한다. 그리고 3학기부터는 논문의 방향에 따른 양식을 실험해 보며 작업과 논문이 따로 놀지 않도록 조율해야 한다. 그래서 졸업할 무렵에 원하는 작품이 한 점이라도 나오면 그 작품을 예시로 논문을 써야 한다.

졸업 작품은 작품의 양이나 질이 중요한 게 아니라 작업의 방향이 중요하기에 아이디어 스케치만으로도 충분하다. 불필요하게 작품의 양이나 크기를 요구하면 본질에서 벗어날 수 있다. 심사의 기준은 앞으로 작가로서 활동하는 데 이 논문이 도움이 될지를 판단해야 한다.

이러한 논문이 되기 위해서는 연구의 대상 설정이 적절해야 하고, 선행 연구의 현황과 한계 파악과 더불어 자신의 주장과 대안이 명확해야 한다.

논문 연구의 절차

1 연구할 대상의 설정 (필요성)

2 선행 연구의 현황과 한계 (문제파악)

3 자신의 대안과 주장 (영향력)

예술의 문제는
예술 내부에서 찾아야 한다.

앞에서 말했듯이, 작품 논문은 이론을 위한 것이 아니라 작품을 위한 것이어야 한다. 이론은 그 분야의 전공자들이 따로 있고, 예외는 있을 수 있지만 남의 분야를 연구해서는 경쟁력을 갖기 어렵다. 이론 논문과 작품 논문은 결정적으로 목적이 다르다. 이론 논문에서 문제는 이론적인 개념을 재고하게 하는 것이라면, 작품 논문은 창작의 방향을 개진하는 데 도움을 주어야 한다.

따라서 이상적인 작품 논문이 되게 하려면, 문제의 설정이 예술 내부에서 이루어져야 한다. 이것을 혼동하고 있는 학생들이 많다. 흔히 미학적 문제나 심리학적 문제, 혹은 사회학적인 문제의식을 갖고 있는 학생들이 많은데, 그 문제를 해결하려다 보면 미학이나 심리학, 혹은 사회학 논문이 된다.

이럴 경우는 그러한 문제가 예술에서 다루어진 방식을 살펴서 예술의 문제로 전환해 주어야 한다. 가령 미학의 문제는 그것을 표현한 예술 사조나 장르가 있을 것이고, 심리적인 문제라면 예술 내부에서 표현주의나 초현실주의 같은 전통이 있다. 또 사회학의 문제라면 예술에서 리얼리즘의 전통이 있다. 이처럼 연구의 대상을 예술 내부에서 찾을 때 다른 학문에 끌려가지 않고 작품을 위한 논문이 될 수 있다.

그리고 대상을 설정할 때 이미 직관적으로 어느 정도 예상되는 문제와 대안이 있어야 한다. 논문을 쓸 때는 서론에서 결론까지 목차대로 순차적으로 써 내려갈 것 같지만, 실제로는 직관적인 결론이 먼저 나와야 한다. 그렇지 않으면 논문을 다 쓸 때까지도 자신이 무엇을 주장하려는지도 모르는 경우가 많다. 논문은 자기주장을 위한 논리적인 방법과 절차를 밟는 것이라는 것을 항상 잊어서는 안 된다.

선행 연구가 너무 많으면 문제가 없고,
너무 적으면 대안이 없다.

연구할 대상이 설정되었으면 다음에는 그에 따른 선행 연구들을 살펴야 한다. 이때 참고해야 할 점은 선행 연구가 너무 부족하면 타당성을 입증하기 쉽지 않아 논문이 되기 어렵다는 것이다. 반면에 선행 연구가 너무 많은 경우는 이미 연구가 충분하게 이루어져 있어서 자신이 문제를 발견하기 어려울 수 있다. 그러면 자기주장이 나오기 어렵기에 이 문제는 지도교수와 상의하여 되도록 이른 시간에 판단해야 한다. 애당초 논문이 될 수 없는 주제는 아무리 시간을 많이 들여 노력해도 결국 헛수고가 되기 때문이다.

　연구의 대상이 결정되었으면 자료를 찾고 정리하면서 그 분야에 정통한 연구와 그렇지 못한 것을 추려내야 한다. 권위가 있고 검증된 자료들을 통해 자신의 주장을 개진할 때 설득력이 있기 때문이다. 그리고 선행 연구에서 문제와 한계 내지는 부족분을 찾아 그 부분의 연구에 전념해야 한다. 문제를 못 찾으면 논문이 책이 되거나 표절이 될 수 있기 때문이다.

작품 논문의 궁극적인 목적은
작품성의 증진에 있다.

선행 연구의 분석을 통해 결론으로 자신의 대안과 주장을 끌어내는 것은 논문의 하이라이트다. 자신의 주제가 잘 잡혔는지를 확인하려면 주제를 한 문장으로 압축해서 표현해 볼 필요가 있다. 그래야 자신이 무슨 주장을 하려는지가 분명해지기 때문이다. 그 문장에는 문제에 대한 저항과 자신이 지향하는 비전이 담겨 있어야 한다. 이 문장이 너무 상식적이고 평범하면 좋은 주제가 될 수 없다. 작품이나 논문의 궁극적인 목적은 결국 독창성과 영향력에 있기에 이것이 가능한 주제가 될 수 있도록 노력해야 한다.

논문의 구성과 목차는 자신의 이러한 주제를 위해 최선의 방식으로 짜여야 하고, 그 키워드를 중심으로 제목을 정하면 된다. 그래서 논문 제목에는 특정 대상에 관한 연구의 방향이 제시되어 있어야 한다.

스포츠 선수에게 중요한 건 학력이 아니라 실력이듯이 작가에게 필요한 건 학위가 아니라 작품성이다. 석박사과정을 거쳐도 작품이 좋아지지 않으면 아무 의미가 없다. 반대로 혼자서도 이 과정을 제대로 거치면 일본의 건축가 안도 다다오처럼 독학으로도 세계적인 건축가가 될 수 있다고 생각한다. 운동선수는 운동을 잘하면 되고, 건축가는 집을 잘 지으면 되고, 예술가는 좋은 작품을 하면 된다. 대학이 기득권의 권위와 학생 장사에 취해 본질을 소홀히 하면, 결국 정보화 시대에 폐기될 전통이 될 것이다.

이미지 출처

51쪽

빌렌도르프의 비너스

ⓒ Matthias Kabel

51쪽

밀로의 비너스

ⓒ Jean-Pol GRANDMONT

224쪽

광족의 가면 조각

ⓒ Sailko

창조적 인간으로 살아가기